中旅学术

2017年度 浙江省海洋旅游发展报告

浙江旅游科学研究院
浙江海洋旅游研究院 编

Report on
the Development of Marine Tourism
in Zhejiang Province in 2017

中国旅游出版社

《2017年度浙江省海洋旅游发展报告》编撰委员会

特别鸣谢：感谢浙江省沿海市、县（区）旅游局（委）在编撰本书过程中提供相关资料及数据。本研究成果系浙江舟山群岛新区发展研究院（浙江海洋旅游研究院）委托课题，并得到了该院的资助。

《2017年浙江省海洋旅游发展报告》评审意见

2018年12月10日，浙江省文化和旅游厅在原浙江省旅游局（杭州市西湖区石函路1号）组织召开了《2017年浙江省海洋旅游发展报告》课题研究成果评审会。浙江省文化和旅游厅、浙江大学、浙江工商大学、浙江海洋大学、自然资源部第二海洋研究所、浙江海洋旅游研究院、浙江旅游科学研究院等单位的领导和专家参加了评审会，与会领导和专家听取了《报告》编制单位浙江旅游科学研究院的成果汇报。并就《报告》内容提出了中肯的建议和意见，专家组对《2017年浙江省海洋旅游发展报告》进行了认真审阅后，一致同意通过，建议课题组充分吸收专家组意见对课题进行修改。

《2017年浙江省海洋旅游发展报告》评审专家组

组长：肖哥；成员：程玉申、易开刚、史小珍、沈刚

2018年12月10日

前　言

海洋旅游是旅游业发展的新方向、新动力、新蓝海，是浙江建设海洋经济强省和培育旅游万亿产业的重要板块。近年来，浙江旅游始终把“山上浙江”和“海上浙江”建设作为新的增长极，省委、省政府无论在全省推进大湾区、大花园、大通道、大都市区建设中，还是在做大做强杭州都市圈、宁波都市圈、温州都市圈和金义都市圈进程中，始终把大力推进海洋经济和海洋旅游业发展作为一项重点工作。为了回顾和梳理2017年度浙江省海洋旅游业改革发展情况，谋划2018年度海洋旅游工作，在全国海洋旅游产业发展中贡献浙江经验、浙江方案，经浙江省旅游局领导同意，我们编写了《2017年度浙江省海洋旅游发展报告》。整个报告共分三大部分，第一大部分是总报告，介绍了浙江省海洋旅游发展的总体情况，分别解读了浙江省海洋旅游的基本特点、发展成就和主要经验；2017年浙江省海洋旅游发展主要进展，包括发展现状、工作重点、发展态势和存在的主要问题；2018年浙江省海洋旅游发展的方向和重点，包括迎接新时代、取得新成就、突破新瓶颈、明确新目标、把握新方向、实施新举措等。第二大部分是分报告，分别介绍了宁波市和所属的北仑区、奉化区、象山县、鄞州区、镇海区的海洋旅游发展情况；温州市和所属的洞头区、龙湾区、平阳县、瑞安市的海洋旅游发展情况；嘉兴市和所属的平湖市、海盐县的海洋旅游发展情况；舟山市和所属的定海区、普陀区、岱山县、嵊泗县的海洋旅游发展情况；台州市和所属的椒江区、临海市、路桥区、温岭市、玉环市的海洋旅游发展情况。第三大部分是一些国内外海洋旅游发展成功经验和经典案例，有关发展海洋旅游的政策性文件，以及2017年全省沿海各市、县（市、区）旅游发展主要指标。

浙江省旅游局非常重视这次编写工作，省旅游局党组书记、局长谢济建亲自担任编委会顾问，省旅游局党组副书记、副局长、巡视员傅玮担任编委会主任，省旅游局规划发展处等有关处室负责人、各沿海地市旅游局（委）分管领导指导了本书的编写工作，浙江海洋旅游研究院、浙江省旅科院具体承担了编写任务。为了提高编写质量，编写组邀请了有关专家和各市、县（市、区）旅游局（委）同志参与编写工作，还赴各地抓好实地调研、开好座谈会，进一步掌握全省海洋旅游发展情况，指导各地材料撰写和收集工作。各沿海市、县（区、市）把材料提供与认真排摸2017年度工作、整理相关数据、提炼典型案例、谋划2018年度工作紧密结合起来，配合编写的各项工作做得很到位，他们还围绕本地海洋旅游基本特点、工作进展、主要经验、发展态势、存在问题、所出台的政策文件、主要指标以及下步思路提供了各种相关材料，同时确定一名分管领导和具体联络人负责材料审核撰写、收集和报送工作，在此，我们一并表示感谢！

CONTENTS

目录

第一章

总报告

第一节　浙江省海洋旅游发展总体情况

海洋旅游业是现代海洋产业体系重要的支柱产业，也是现代旅游经济体系重要的组成部分。近几年，浙江省在旅游业发展中理念新、投资大，成效明显，在全省经济中的比重日益提升。2016 年，浙江省旅游业增加值占 GDP 比重首次超过 7%，旅游总投资首次突破 1 万亿元。2017 年，浙江省旅游产业继续保持迅猛发展趋势，旅游产业增加值占 GDP 比重继续增加，从 2013 年的 6.38% 增加到 2017 年的 7.5% 左右，同时，2017 年全省旅游产业总产出提前实现超 1 万亿元目标。

海洋旅游是旅游业发展的新方向、新动力、新蓝海，是浙江省建设海洋经济强省和培育旅游万亿产业的重要板块。认真总结浙江海洋旅游发展特点、成就和经验，对于培育浙江省经济新增长点、打造海洋旅游万亿产业和促进全省旅游经济持续、健康发展均具有重要意义。

一、浙江省海洋旅游发展的基本特点

（一）海洋旅游资源特色明显

海洋旅游资源是现代海洋旅游构成中最基本的要素，是海洋旅游的客体和海洋旅游业赖以生存和发展的物质基础。海洋旅游资源指在海上、海岸带和海底等海洋空间范围内，具备旅游功能并能吸引旅游者前来进行观光度假、休闲疗养、深海探险、游艇巡航、康体娱乐等海洋旅游活动的自然、经济和社会文化要素的总和。

浙江是海洋资源大省。浙江海域面积为陆域面积的 2.6 倍，海岸线长度和海岛总数分别约占全国的 20% 和 40%，海洋资源是浙江最大的优势资源之一。全省海洋旅游资源大致可分为浙东海岛海滨和浙东南沿海两大区。浙江海洋旅游资源涉及碧海金沙、奇石宝礁、海洋生物、佛教名山、历史遗迹、现代化建设工程等类型，海洋旅游资源丰富且类型多、滨海重点区域集中分布与全省海岸广泛分布相兼、海岛自然景观与佛教规模大和品位高等特点，辅以独特的亚热带海洋季风气候，旅游开发价值极高。

浙江自然风光与人文景观交相辉映。杭州是 2016 年 G20 峰会举办地，具有历史和现实交会的独特韵味。以杭州西湖为中心，纵横交错的风景名胜遍布全省，有22个国家级风景名胜区、4个国家级旅游度假区、10个国家级自然保护区、30个国家园林城市、11个国家级湿地公园、39个国家森林公园，5个国家级城市湿地公园。全省有杭州、宁波、绍兴、衢州、金华、临海、嘉兴、湖州、温州9座国家历史文化名城，20个中国历史文化名镇，28个中国历史文化名村，名镇、名村总数全国第一。在国务院公布的4批国家级非物质文化遗产名录中，浙江每一批入选数量均居全国第一，现总入选数已达217项。杭州西湖、京杭大运河浙江段和浙东运河入选世界文化遗产，江郎山入选世界自然遗产。浙江旅游资源非常丰富，有中国优秀旅游城市27座，自然风光与人文景观交相辉映，全省有重要地貌景观800多处、水域景观200多处、生物景观100多处、人文景观100多处，还有可供旅游开发的主要海岛景区（点）450余处。现有国家级风景名胜区22个，国家级旅游度假区4个，4A级以上高等级景区197家。其中国家5A级旅游景区有杭州西湖、千岛湖、普陀山、雁荡山、乌镇古镇、奉化溪口—滕头、东阳横店影视城、西溪湿地、嘉兴南湖、绍兴鲁迅故居·沈园景区、开化根宫佛国、南浔古镇、天台山、神仙居14家。浙江每年都吸引众多游客来访，2017年共接待游客6.41亿人次，实现旅游总收入9322.67亿元。

此外，海岛风光是浙江海洋旅游资源的重要构成部分，浙江省大于500平方米的海岛有近3000个。在已开发海岛中，普陀山、嵊泗列岛是国家级风景区，而待开发的台州海滨旅游线、温州南麂列岛旅游区等已成为区域海洋旅游资源的关键吸引物。根据《浙江省旅游发展规划》，浙江省各地区的海洋旅游发展有各自的资源特色（见表1–1）。

表1–1 浙江省各地区海洋旅游资源特色

地理区位	地区	海洋旅游资源特色
浙东海岛海滨	宁波	宁波以“港城商埠”著称，有独特的大桥风光，有良好的交通区位和深厚的历史文化
	舟山	舟山以“普陀山”闻名世界，宗教文化浓厚，并有良好的海岛生态环境，一直保持“海天佛国，鱼都港城”的旅游形象
浙东南沿海	温州	温州有良好的经济区位，有洞头、南麂岛和苍南鱼寮等丰富的海岛海滨资源
	台州	台州以山海风光著称，当地的商贸文化、渔业文化和红色文化是该区特色

资料来源：《浙江省旅游发展规划》（2013年）。

（二）海洋旅游可进入性较强

旅游地的交通发达程度直接关系到旅游者的总体支出，进而影响着游客对于旅游目的地的挑选与甄别。交通闭塞但旅游资源丰富的地区可以通过交通网的不断完善而形成后发优势；区位良好的地区也可能由于重要交通线路的擦肩而过错失发展良机。

随着世界旅游业的发展，人们对旅游交通运输的需求也越来越高。现代交通运输主要包括铁路、公路、水路、航空等运输方式。在短途旅游中，人们选用较多的是汽车、铁路旅行；在长距离的旅行中，更多地选用航空运输；海洋旅游发达的地区，邮轮、游艇等则受到广大消费者欢迎。

在公路和铁路交通方面，自 2009 年以来，浙江省进一步推进长三角一体化高速公路建设，加快贯通省外的高速公路通道和省内高速公路联网建设；加快高速公路与主要景区之间、城镇与主要景区之间、景区之间快速旅游通道或专用道以及普通景区的专用公路的建设，构建高效便捷、互联互通、通向省内外的旅游交通服务网络。同时，全面推进以高标准铁路为重点的项目建设。沪杭甬高速公路、甬台温高速公路、金丽温高速公路、沪杭甬铁路、金温铁路等构成了进入海洋旅游区的陆上交通网。

在水路交通方面，浙江省充分利用丰富的海洋和内河航道资源，加快水上旅游交通工具的改造升级步伐，改善港口和旅游岛屿客运码头设施，提升港口码头综合服务环境，建设陆岛、岛际黄金旅游航道及内河水上旅游航线，加强水路旅游客运装备建设，增设旅游高速船、观光游船和游艇，提高水上交通工具的舒适度，调整和完善旅游航线布局与运力配置，切实提高海上及内河旅游交通运输条件，创造更加方便、快捷、舒适和安全的水路客运交通环境。宁波至舟山、舟山至上海、上海至慈溪、椒江至大陈、温州至洞头、温州至南麂已开通快速海运航线，海岛旅游区与大陆之间的交通以及海岛交通条件都得到了改善，海洋旅游的可进入性不断增强。

在航空交通方面，浙江省巩固和拓展国际航线，针对核心入境市场，增辟直达航线或加密现有的国际航班，针对基础客源和潜力客源入境市场，加快开通直达航线和旅游包机业务。强化杭州与港澳的直航联系，加强杭州、宁波、温州三大机场间的直航联系，形成浙江南北三大入境门户城市鼎立的格局。三大干线机场重点加强与国内热点旅游城市和旅游景区之间的直航联系，尤其是与相邻省份世界级旅游资源所在地的航空联系。加快支线机场升级或改扩建工程的规划建设，重点开辟区域化航线，增加特色化、商务化的包机服务。根据旅游发展需要，在滨海休闲度假旅游和南部山地生态旅游重点区域，规划建设旅游直升机场，开辟直升机航线，形成面向高端市场的空中旅游服务网络。宁波、舟山、路桥、温州等机场构成了海洋旅游的航空交通网。

此外，舟山洋山港的东海大桥，杭州湾跨海大桥、嘉绍大桥，舟山跨海大桥和洞头连岛工程都已建成，大陆与海岛间的交通得到了很大改善。随着沿海高速交通大通道的贯穿、区域内外城际高速铁路网的建成，海、陆、空立体交通网的形成并完善，浙江的海洋旅游交通体系更为完善，出行速度更快，出行方式更为多样化，海洋旅游景区的可进入性更加便捷。

（三）海洋旅游区位条件优越，客源市场巨大

浙江海洋旅游区位于我国南北海岸线的中部，北邻上海、江苏，南接福建，毗邻中国台湾海峡和日本海域，在我国内外开放扇面中居于举足轻重的地位。浙江海洋旅游区位于我国“T”形经济带和长三角世界级城市群的核心区，是长三角经济圈海域扇面的核心主体组成部分。以上海为龙头、江浙为两翼的长三角，是我国经济、科技、文化最发达的地区之一。

一方面，本区域民间资金雄厚，投资开发旅游的热情很高，为浙江海洋文化旅游项目建设的招商引资提供了巨大的空间；另一方面，本区域城乡居民收入高、生活富裕，对旅游的需求日益旺盛，海洋文化旅游对本区域居民有很大的吸引力，在周边形成了极大的客源市场。随着长三角经济一体化进程的推进，江浙沪三地经济、社会发展将相互交融，这一客源市场将为浙江海洋旅游提供日趋强劲的需求支撑。

从具体数据来看，2017 年，浙江省接待国内旅游人数达 6.4 亿人次，实现国内旅游收入 8763.9 亿元。与此同时，入境旅游人数也在大幅增加，2011 年全省接待入境旅游人数 774 万人次，2017 年年底，入境旅游人数稳步上升至 1212 万人次，实现旅游外汇收入 82.8 亿美元。全省全年旅游总收入达 9323 亿元（见表 1–2）。可以说，浙江省位于长三角世界级城市群的核心区域，周边居民出游率高，消费能力强，旅游市场广阔，优越的市场区位条件，为浙江省发展海洋旅游奠定了雄厚的市场基础，同时也吸引着越来越多入境旅游者。

表 1–2　2011~2016 年浙江省接待旅游人数和旅游总收入

年份	入境旅游人数（万人次）	国内旅游人数（亿人次）	旅游总收入（亿元）
2011	774	3.43	4080
2012	866	3.91	4801

续表

年份	入境旅游人数（万人次）	国内旅游人数（亿人次）	旅游总收入（亿元）
2013	866	4.34	5536
2014	931	4.79	6301
2015	1012	5.25	7139
2016	1120	5.73	8093
2017	1212	6.4	9323

资料来源：浙江省统计局、国家统计局浙江调查总队、《2017 年浙江省国民经济和社会发展统计公报》。http：//tjj.zj.gov.cn/tjgb/gmjjshfzgb/201702/t20170224_192062.html

二、浙江省海洋旅游发展成就

作为海洋大省的浙江拥有漫长的海岸线和品位较高的旅游资源，加上优越的市场区位和巨大的客源市场等条件，浙江早已成为国内旅游经济最活跃的省份之一。随着近年来旅游业与其他产业融合进程的加快，浙江海洋旅游更是蓬勃发展，海洋旅游经济不断壮大、海洋旅游产品不断丰富、旅游接待设施和服务体系不断完善、海洋旅游空间布局渐趋合理，并初步形成了独具特色的发展模式，推动了区域旅游产业结构的转型升级。

（一）海洋旅游经济逐步壮大

浙江海洋旅游业正处于蓬勃发展中，海洋旅游在浙江的旅游产业中一直都扮演着重要角色，特别是近十几年来更是得到了长足发展。从浙江省旅游局统计数据来看，近 10 多年来，全省旅游总收入从 2003 年的 767.72 亿元增加到 2017 年的 9322.7 亿元；与此同时，沿海五市旅游收入也一直处于大幅上升趋势，旅游收入从 2003 年的 421.89 亿元增加到 2017 年的 5808.5 亿元（见图 1–1）。沿海 5 个城市旅游收入已经占到全省旅游经济总量的六成以上，在全省旅游经济中的地位不容忽视。

此外，浙江省沿海五市接待国内游客人数、国内旅游收入、接待入境游客人数和国际旅游收入近 10 多年来也呈增长趋势。根据浙江省旅游局统计数据显示：五个沿海城市（宁波、温州、嘉兴、舟山、台州）接待国内旅游者人次从 2002 年的 0.48 亿人次增加到 2016 年的 3.93 亿人次，纯增加量约为 2002 年的 7.18 倍；国内旅游收入也从

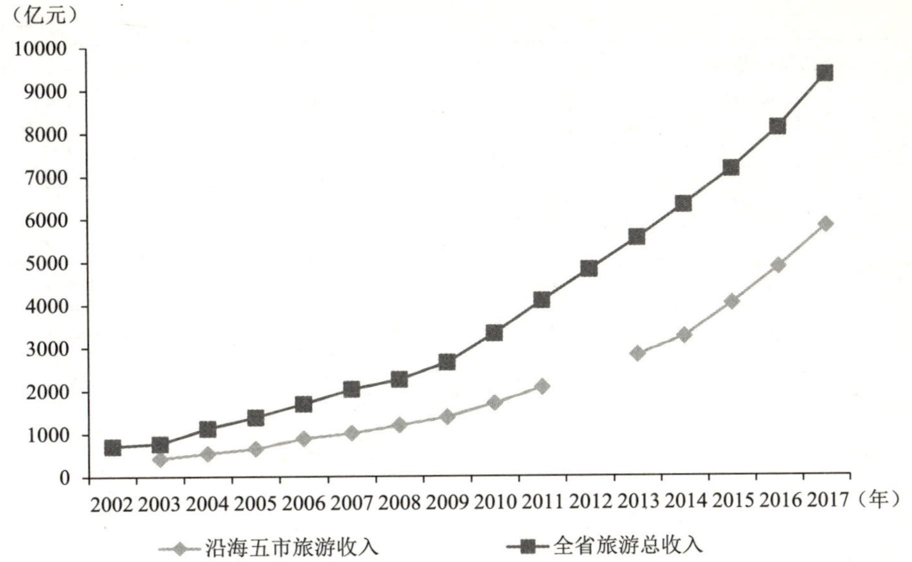

图 1-1　2002~2017 年浙江旅游收入状况

资料来源：《浙江旅游统计便览》（2010、2011、2013~2017），《浙江旅游业发展报告 2012》，《浙江省旅游概览》（2006~2009）。

注：全省旅游总收入不等于各市简单相加。

2002 年的 363.84 亿元增加到 2015 年的 3905.6 亿元，比 2002 年增加了 9.73 倍。沿海 5 个城市，在接待入境旅游者方面，接待人次则从 2002 年的 68.3 万人次增加到 2017 年的 463.5 万人次，纯增加量约为 2002 年 5.79 倍；国际旅游（外汇）收入也从 2002 年的 28591 万美元增加到 2017 年的 233131.9 万美元，比 2002 年增加了 7.15 倍（见表 1-3）。

表 1-3　2002~2017 年浙江省沿海五市海洋旅游发展指标

年份	接待国内游客人数（亿人次）	国内旅游收入（亿元）	接待入境游客人数（万人次）	国际旅游（外汇）收入（万美元）
2002	0.48016	363.84	68.3	28591
2003	0.50978	399.4	62.3	27042
2004	0.62417	505.2	101.5	42616
2005	0.77108	647.7	130.9	60614
2006	0.90632	780.9	157.9	76207
2007	1.05748	934.0	188.3	92876
2008	1.22417	1117.3	192.0	100157

续表

年份	接待国内游客人数（亿人次）	国内旅游收入（亿元）	接待入境游客人数（万人次）	国际旅游（外汇）收入（万美元）
2009	1.40028	1302.4	199.8	101971
2010	1.65802	1611.1	236.7	121547
2011	1.92377	1973.0	266.7	137403
2012	2.19448	2345.6	306.9	157564
2013	2.47638	2712.0	309.8	166458
2014	2.82000	3131.8	348.6	169828
2015	3.30695	3905.6	385.0	184921
2016	3.92774	—	481.3	197600
2017	—	—	463.5	233132

资料来源：《浙江旅游统计便览》（2010、2011、2013~2017），《浙江旅游业发展报告 2012》，《浙江省旅游概览》（2006~2009）。

注：全省旅游总收入不等于各市简单相加。

（二）海洋旅游产品不断丰富

随着旅游产业融合步伐的加快和浙江海洋旅游业的进一步提升，旅游者对海洋旅游产品的需求呈现多样化和个性化趋势，为顺应这一潮流，海洋旅游产品体系出现了结构性和阶段性的变化，逐步向文化内涵与深度挖掘方面发展。传统的海洋观光休闲旅游产品开始向专题化旅游产品转化，诸如海洋生态旅游、海岛度假旅游、海洋文化旅游、海洋探险旅游应运而生；静态的陈列形式的旅游项目开始向动态项目转化，出现了诸多如海洋海钓、帆船比赛、节庆参与等体验性旅游项目。在结构档次方面，浙江省积极培养以市场为导向的中高端海洋旅游产品，主要包括海洋游钓、游艇度假、豪华邮轮、海空旅游等，逐步打造形成高、中、低档多层次结合的海洋旅游产品结构体系，并积极创建精品海洋旅游区、精品海洋旅游产品品牌。另外，旅游企业在海洋旅游产品的供给方面也由被动式逐步向主动式、自助式转化，单一的旅游主题逐渐被多元化、个性化的旅游主题取代。

浙江省的各沿海地区利用自身特色优势，纷纷打造了具有本地特色的海洋旅游产品体系，丰富了市场，适应了需求。

舟山是我国唯一以群岛设市的地级行政区划，有大小岛屿 1389 个，占全国岛屿总量的 1/5，也是我国最大的群岛，群岛旅游是舟山的一大特色。独有的海上观音道场、特色的海洋岛群、优质的生态环境、丰富多彩的海洋文化，加上地处我国规模最大的城市群和经济水平最发达的“长三角”这一地理区位，使舟山群岛不仅担当起浙江海洋经济区的核心角色，更成为我国重要的海洋旅游目的地。近几年，舟山群岛新区依托其独特的区位优势、优越的气候条件、良好的生态环境和禀赋优良的旅游资源，融合厚重的历史、淳朴的民俗和深厚的文化，正努力打造一个如诗如画、城景融合的海上花园城市。一个返璞归真、心灵放飞、修心养身的城市，一个国际著名的群岛型海洋休闲旅游目的地和世界一流的佛教文化旅游胜地正在崛起。

随着“舟山群岛”品牌营销模式不断创新，旅游交通条件和接待设施明显改善，旅游目的地管理体系逐步完善，旅游发展保障日趋健全，“大旅游”的格局逐步形成。经初步统计，舟山目前已经累计开发了1000多个旅游景点。海天佛国普陀山是我国第一批5A级旅游区，也是国家级风景名胜区；朱家尖是4A级旅游景区，也是省级海洋旅游度假区；国家级风景名胜区嵊泗列岛、省级风景名胜区蓬莱仙岛岱山和“爱情岛”桃花岛也以自己独特的魅力吸引着游人。经过几十年的建设发展，大众海钓游、海鲜美食游、度假会展游、海洋文化游、群岛海上游、岛村渔家游、禅修体验游、佛教文化游八大精品旅游项目已基本成型，海鲜美食文化节、海鲜大餐争霸赛、海鲜美食论坛等一系列活动推动了“中国海鲜之都”品牌建设，沈家门海鲜夜排档获得了“中华美食名街”称号而晓誉国内外；秀山、朱家尖、泗礁、岱山本岛的海景房产项目已经启动，凤凰岛、砚瓦岛、徐公岛等私密型度假会所逐步建成；朱家尖大青山国家公园、大平岗体育公园、嵊泗南长途和基湖沙滩、朱家尖东沙、秀山等度假区和休闲项目建设进一步推进，国际游艇俱乐部、凤凰岛游艇基地的建设带动了游艇制造、维修等相关产业的发展；海洋文化大戏《印象普陀》、具有浓郁地方特色的渔俗戏《东海谣》和《东海水·渔家人》、祭海、“渔港秀”等系列文化旅游项目进一步充实了旅游产品体系；“南海观音慈航宝岛”邮轮旅游产品的启动，推进了对台邮轮直航；“普陀之星”“群岛之旅”“不肯去观音号”等游船的投入，形成了“短”“精”“特”的群岛环游线路；一个个具有“石墙青瓦”等典型海岛特征及浓郁渔农村特色的民宅群或村落的出现，显示精品特色渔农家乐产品的建设成效。

普陀山佛教文化旅游是舟山的一张亮丽的名片，近些年来，舟山一方面依托普陀山佛教文化，精心打造禅修体验旅游品牌，开展坐禅、讲经、抄经活动，扩大了“千人禅”“千人斋”品牌影响力；另一方面强化普陀山佛教文化的辐射力，打响了普陀山南海观音文化节和佛教用品博览会品牌，开发了舟山群岛朝佛之旅等旅游线路，加强了与国内外佛教文化的合作与交流。目前，以“海天佛国、海洋文化、海鲜美食、海滨休闲”为特色的海岛旅游已成为舟山市一大支柱产业。

“十二五”期间，舟山旅游业转型升级不断加快，海岛民宿、运动健康、海鲜美食、渔家风情、文化旅游、禅修体验六大旅游产品开发取得重大突破，舟山群岛国际邮轮港、水上飞机成为浙江省首个运营的旅游创新项目，喜来登、威斯汀、希尔顿、华侨豪生、温德姆、铂尔曼等一批国际品牌酒店落户舟山，“东海人家”民宿发展迅速，慈航广场等7个旅游集散中心投入使用，浙江海中洲集团、浙江自在旅业集团等旅游企业规模不断壮大，海岛资源保护和旅游开发有序推进，首批5个旅游示范海岛建设成效显著。拥有省级以上旅游经济强县（区）1个；建成A级景区14家，其中5A级景区1家；省级旅游度假区2家；星级旅游饭店41家，五星级1家，四星级5家；旅行社149家，其中品质旅行社19家，4家进入全省百强旅行社行列；海岛民宿618家。

宁波有着极为丰富而独特、多样化和大体量的旅游资源，作为我国重要的对外贸易口岸，宁波的商业文化历史悠久。这里有华东地区最大的自然港湾；有省级滨海风景名胜区松兰山；有省级海洋自然保护区韭山列岛；余姚河姆渡文化拥有7000多年历史；象山半岛的海蚀地貌堪称东海一绝；慈溪的杭州湾沿岸滩涂为华东地区最大；北仑港工业区具有全球影响力；有着“大鱼池”美称的象山石浦渔港充满着地方特色和渔家风情而誉满全国；宁波美食扬天下，经过创新的海鲜烹饪方法和海鲜美食享誉全球，象山因此荣获海鲜美食之都的称号。

经过“十二五”期间的持续发展，宁波海洋旅游已经积累了一定的产业规模，涉海旅游景区建设成效明显，在全省范围内处于领先地位。现已建成有海洋世界、杭州湾大桥农庄、黄贤森林旅游区、杭州湾湿地公园、杭州湾大桥海上观景平台、镇海招宝山文化旅游区、北仑洋沙山旅游区、凤凰山海港乐园、港口博物馆、鄞州南头渔村、象山影视城、松兰山旅游度假区、石浦渔港古城、中国渔村、宁海横山岛景区、西店邬家庄园等一批海洋旅游景区项目，其中包括1家省级旅游度假区，15家国家4A级旅游景区、3家国家3A级旅游景区，2家涉海的乡村全域旅游示范区，以及一大批海洋餐饮、海洋娱乐、海上运动和渔家乐项目。此外，“中国开渔节”“三月三踏沙滩”等一大批海洋旅游节庆活动也开展得如火如荼。随着海洋旅游业的不断发展，更有游艇、邮轮、海钓等新型旅游产品得到建设推广，满足不同层次的市场需要。

温州是一座充满朝气的现代化东瓯名城，也是海洋大市，历史悠久，有丰富的文化遗存。瓯越文化、山水文化、民族文化等源远流长，民间音乐、民间舞蹈、戏曲、造型艺术、民间美术、民间手工技艺、民间习俗等有着深厚的底蕴和独特的价值，非物质文化遗产资源十分丰富。已建立了完整的五级名录体系，即人类非遗、国家级、省级、市级、县（市、区）级都较为规范，实现了非物质文化遗产的分级保护。现有人类非遗代表作项目 4 项，国家级非遗项目 34 项，省非遗项目 145 项，市非遗项目 747 项（保护单位 918 个），整体项目数居全省前列。共有国家级传承人 23 位，省级传承人 169 位，市级代表性传承人 733 位，代表性传承团体 10 个，代表性传承群体 18 个；省级非物质文化遗产传承教学基地、宣传展示基地、生产性保护基地、高校非物质文化遗产研究基地等共 58 个，市级非物质文化遗产传承基地 172 个。

素有“东南山水甲天下”之美誉的温州，境内名山秀水众多，风光旖旎。国家级重点风景名胜区有雁荡山、楠溪江、百丈漈—飞云湖；国家级自然保护区有乌岩岭、南麂岛；省级风景区有仙岩、瑶溪、泽雅、滨海玉苍山、洞头、寨寮溪、百丈漈等 9 处，还有茶山、岷岗、天柱寺等 12 个市级景区和 11 处县级景区。风景区陆域总面积达 2279 平方公里，占全市陆域面积 20%。全市还有 5 个国家级森林公园，8 个省级森林公园。是太平洋西岸最适宜人类居住的区域之一。

经过近些年的发展，温州各类海洋旅游产品核心竞争力也在不断得到提升。一是平阳、苍南已纳入浙皖闽赣“国家东部生态文明旅游实验区”建设；二是洞头仙叠岩—半屏山景区创建国家 5A 级旅游景区正在有序推进，瓯海泽雅景区、平阳南麂列岛景区已成功获批国家 4A 级旅游景区，龙湾雅林农业文化园创建国家 4A 级景区的景观质量也顺利通过了省级专家评估，雁荡山筋竹涧生态农业观光园等 3 家景区成功创成国家 3A 级旅游景区。全市 A 级旅游景区环境专项整治工作深入推进，景区内游客中心、生态停车场、标识标牌、旅游厕所、信息咨询服务等基础配套设施得到进一步完善，全市 A 级旅游景区品质得到提升；三是深化特色小镇、旅游风情小镇、慢生活休闲旅游示范村创建与培育指导，雁荡山月光小镇被列入省级旅游特色小镇培育名单，推荐苍南县马站镇人民政府—马站滨海田园旅游风情小镇、平阳县青街畲族乡人民政府—青街畲族文化旅游风情小镇、洞头区东屏街道办事处—海峡两岸同心旅游风情小镇、苍南县矾山镇人民政府—世界矾都旅游风情小镇、乐清市淡溪镇人民政府—生态文化旅游风情小镇列入省级旅游风情小镇创建名单，推荐苍南县桥墩镇八亩后村、乐清市乐成街道黄坦硐村、洞头区东屏街道东岙村、苍南县桥墩镇矴步头村列入省级慢生活休闲旅游示范村创建名单；四是时尚旅游产品开发取得突破，雁荡山、楠溪江建成温州市首批低空飞行旅游基地，文成、洞头先后举行了低空飞行旅游首飞仪式；五是积极配合发展国际邮轮项目建设，多次参加研讨，明确项目所需旅游相关设施与服务管理要求，状元岙国际邮轮已首航。

台州地处东海之滨，依山傍海，风光旖旎，是中国黄金海岸线上新兴的港口城市。自古就有“海山仙子国”“海上名山”之美誉。台州是浙江的海洋大市，有 8 万平方公里海域，745 公里的海岸线（约占浙江省海岸线总长的 1/3），691 座 500 平方米以上的岛屿，约占浙江省海岛总数的 1/4。

台州辖区内海洋旅游资源丰富，主要特色及特点有：一是“类型齐”。台州有港口、滩涂、湿地、沙滩、岛屿等多种海洋资源类型，主要有东海明珠大陈岛、东海翡翠艺术之岛——大鹿岛、千洞之岛——蛇蟠岛、中国东方巴黎圣母院温岭石塘、全国重点文保单位桃渚抗倭古城等著名景区。二是“文化深”。台州是大陆首航台湾纪念地、中国大陆新千年曙光首照地。有历史悠久的抗倭文化、海防文化和石文化以及享誉中外的海商文化、革命战争文化、曙光文化以及海洋渔俗文化，中国（台州）东海文化旅游节、大陈岛国际海钓节、蛇蟠岛滑泥节等海洋旅游文化节事活动异彩纷呈。三是“海产鲜”。台州海鲜饮食文化久负盛名，盛产大黄鱼、带鱼、鲳鱼等数十种经济鱼类，是中国青蟹之乡，浙江对虾之乡、牡蛎之乡、缢蛏之乡。台州丰富的海洋旅游资源和快速发展的旅游产业为台州大力发展海洋旅游提供了良好的基础。

嘉兴位于长江三角洲南翼，东接上海，南临杭州湾，唐宋以来一直是我国东南沿海重要的对外贸易口岸，素有“鱼米之乡，丝绸之府”美誉。嘉兴拥有的海域面积达 4650 平方千米，陆域上河网交错，形成浓郁的水乡特色。嘉兴有着悠久的历史文化，新石器早期的马家浜文化就诞生于此，春秋、战国时期这里已十分发达，秦朝开始设置了由拳县、海盐县，从三国东吴开始就有了嘉兴之名称。嘉兴是一座优秀的旅游城市，红船、绿城、古镇以及呢喃的吴风吸引了海内外众多游客。近几年来，嘉兴又利用“潮、湖、海、河、山”等多样性旅游资源，开发建设滨海旅游产品，目前已经开发建设了九龙山省级旅游度假区、南北朝省级风景名胜区、海宁钱江观潮旅游区，成功举办“中国国际钱江海宁观潮节”“南北湖金秋旅游节”等活动，看潮游海之激越、领略吴越古城之风姿、体悟吴语呢喃之雅韵，沿海旅游区每年接待大量来自国内外的游客。

总之，经过 30 多年的发展，浙江海洋旅游已基本形成了以传统的“3S”（海水、沙滩、阳光）旅游、海洋观光旅游、休闲渔业旅游、海岛度假旅游、商务休闲旅游、宗教朝拜旅游等为主，其他高端海洋旅游产品（如海洋游钓、游艇旅游、邮轮旅游等）为辅的多样化、层次化海洋旅游产品体系，海洋旅游产品的生产规模和体系结构都较为稳定。一个集观光游览、休闲度假、娱乐购物、海上运动、海洋探险、渔家体验等为一体的，并逐渐与国际接轨的综合性海洋旅游区正逐步形成。

（三）接待设施和服务体系不断完善

随着浙江省海洋旅游发展的逐步推进，浙江省全力完善旅游住宿和餐饮设施，进一步规范了旅游市场的秩序，推进了旅游行业的标准化建设，提高了海洋旅游整体接待水平和区域内旅游服务质量。

海洋旅游的接待服务设施不断完善，并具有较大规模。截至 2017 年年底，浙江沿海区域旅行社 2053 家，占全省旅行社数量的六成以上，其中经营出境业务的有 470 家。浙江沿海区域已拥有星级饭店 532 家，同时还有大批社会饭店、家庭旅馆、民宿等接待设施；高、中、低档饭店呈现金字塔形布局，基本满足海洋旅游发展的需求。

除此之外，各旅游区内的旅行社、旅游汽车公司、航运游船公司、旅游票务中心等服务体系也不断完备，已形成了“吃、住、行、游、购、娱”全方位的服务系统（见表 1–4）。

表 1–4 浙江省沿海城市星级旅游饭店及旅行社分布

沿海城市	星级饭店（家）	旅行社（家）	国际社（家）
宁波	123	315	141
温州	56	246	120
嘉兴	52	136	24
舟山	32	136	28
台州	44	148	39

注：数据来源于浙江旅游局网站。

（四）海洋旅游空间布局渐趋合理

浙江沿海共有宁波、温州、嘉兴、舟山、台州五市，随着海洋旅游发展的逐步深入与发展需要，浙江海洋旅游得到了高度重视和加快推进，浙江海洋旅游的空间布局结构渐趋合理。综合浙江省海洋旅游业发展现状、地理区位、旅游资源分布以及市场、交通情况，目前浙江基本形成了“一核、三区、多板块”的海洋旅游空间格局。

一核：即是指以舟山群岛普陀“金三角”为核心的旅游区。其位于浙江省舟山群岛新区的东南部，整个旅游金三角区域主要是由“海天佛国”普陀山、“渔都港城”沈家门、“金庸武侠”桃花岛、“海岛生态公园”朱家尖等组成。其外延还可以延伸到登步岛、蚂蚁岛、虾峙岛、六横岛以及东极诸岛等。

三区：即是指甬舟海洋旅游区、温台海洋旅游区、杭州湾海洋旅游区（见表1–5）。甬舟海洋旅游区：以宁波为中心，联动舟山，依托慈溪、象山、宁海、舟山本岛、岱山、嵊泗等，整合渔港、佛教文化、沙雕艺术、海岛风光等资源，形成的融观光游览、休闲度假、游艇、海钓等为一体的综合性海洋旅游功能区。温台海洋旅游区：以温州和台州两城市为中心，依托三门、椒江、瑞安、平阳、洞头等地，发展以瓯越风情、海韵渔情、现代商情为特色，兼具观光、休闲度假和商务会展的滨海旅游区。杭州湾海洋旅游区：以嘉兴为中心，以钱江观潮、海滨度假、岛桥观光、会议商务、海陆互动等为主要特色的海洋旅游区。

表 1–5　浙江省三大海洋旅游区及其中心城市

海洋旅游中心城市	宁波、温州、嘉兴、舟山、台州
甬舟海洋旅游区	宁波、舟山
温台海洋旅游区	温州、台州
杭州湾海洋旅游区	嘉兴

多板块：即是指依据浙江海洋旅游资源分布情况、区位交通与市场条件以及旅游业发展现实与区域间合作所形成的现有海洋旅游板块区。当前浙江海洋旅游除普陀“金三角”这一核心旅游区板块外，还有：以高端娱乐、商务度假、陆岛风光、海滩休闲为主要特色的宁波滨海—定海—岱山连岛旅游板块；以海港购物、外岛观光、海钓休闲为主要特色的嵊泗—洋山—东海大桥港岛旅游板块；以海滨度假、海鲜美食、海陆观光、游艇休闲为主要特色的石浦—象山港旅游板块；以商务休闲、邮轮旅游、海岛观光为主要特色的温州—洞头—南麂列岛旅游板块；以海滩休闲、渔乡风情为特色的苍南—平阳滨海旅游板块；以情景度假、海空观光、休闲渔村为主要特色的雁荡山—乐清湾旅游板块；以海岛体验、海上游钓、海滨观光为主要特色的台州滨海—大陈岛旅游板块；以海岸观光、海滨古城、海岛渔村为主要特色的

三门湾—东矶列岛旅游板块；以钱江观潮、海滨度假、岛桥观光为主要特色的杭州湾跨海大桥—钱江潮旅游板块。

三、浙江省海洋旅游发展主要经验

（一）加强政府科学规划角色地位

合理规划及政策支持。浙江省海洋旅游的发展，与浙江省各级政府对旅游的科学规划和政策支持是分不开的。从省级层面来看，浙江省将海洋旅游纳入了旅游可持续发展的总体战略，先后编制了《浙江省海洋功能区划（2011~2020）》《浙江省旅游产业发展规划（2014~2017）》《浙江省旅游发展规划》等规划，从省级层面对浙江省海洋开发与保护、浙江省旅游开发和浙江省海洋旅游开发进行了战略部署。从地方政府层面来看，地方政府在制定旅游发展规划时，会有意识地将海洋旅游纳入其中；个别地方政府还针对当地海洋旅游发展实际情况，专门对本地海洋旅游发展进行规划。

例如，台州市政府注重对海洋旅游进行科学规划，明确旅游产业定位。为加快旅游业转型升级，推动海洋旅游又好又快发展，台州市旅游局于2012年编制完成《台州市海洋旅游发展总体规划》，于2015年编制完成《台州市椒江流域旅游发展规划》，并在《台州市旅游业发展“十三五”规划》中将海洋旅游作为“十三五”发展重点，大力发展海洋海岛旅游产品。同时，启动《台州市全域旅游总体规划》编制工作，以全域旅游发展理念，在旅游资源开发保护、规划设计、功能完善以及体制机制等方面探索提升台州旅游产业发展，目前已完成规划思路。各县（市、区）也先后编制了一系列规划（如《蛇蟠岛省级旅游度假总体规划》《临海桃渚龙湾滨海景区控制性详规》《大陈岛旅游概念性规划》《温岭石塘半岛旅游度假区可行性研究报告》），科学指导台州滨海旅游开发。

嘉兴市也注重旅游规划引领，推动滨海旅游发展。2016年，嘉兴市编制了《嘉兴市“十三五”旅游产业发展规划》，把滨海旅游纳入嘉兴市“十三五”期间重点发展旅游区块，对海宁百里钱江观潮旅游文化长廊区、海盐南北湖休闲旅游度假区、平湖九龙山滨海旅游区三大滨海旅游区块进行定位。通过打通平湖、海盐、海宁沿杭州湾区域界线，科学整合沿杭州湾的滨海旅游资源，形成嘉兴面对上海都市圈的杭州湾滨海休闲度假带产业布局，瞄准上海都市圈的周末度假休闲市场和商务会议市场，开发都市休闲、滨海度假项目，着重打造临沪杭州湾滨海休闲度假带。

此外，为加快“全域旅游”发展、实现舟山旅游转型升级，舟山市政府相关部门结合舟山旅游发展实际，先后编制了《舟山市旅游业发展“十三五”规划》《舟山市人民政府关于推进国家全域旅游示范区创建的指导意见》（舟政发〔2017〕40号）、《舟山市创建国家全域旅游示范区实施方案》（舟政办发〔2017〕106号）等一系列规划。

（二）实施海洋旅游精品化战略

浙江省将打造海洋旅游精品、塑造海洋旅游品牌确定为海洋旅游发展的重要战略，不断提升海洋旅游的软硬件品质，推进海洋旅游的特色化发展，培养海洋旅游的核心竞争力，以保证海洋旅游的可持续发展。

海洋旅游精品不断涌现。随着海洋旅游开发投入力度的不断加大，一大批类型丰富、品位较高的海洋旅游精品项目得以涌现。全省拥有以舟山普陀、宁波象山、温州洞头、台州温岭等为代表的海洋旅游目的地城市，以宁波松兰山旅游度假区、舟山定海国际旅游度假区、舟山普陀国际旅游度假区等为代表的海洋旅游度假胜地，以象山影视城、普陀朱家尖、海宁盐官观潮景区等为代表的海洋旅游热门景区，以中国海洋文化节、朱家尖国际沙雕节、中国开渔节等为代表的海洋旅游节庆活动，以海上邮轮、主题岛、海鲜美食等为代表的海洋旅游特色产品，初步形成以城市为核心，以国家级和省级旅游功能区、度假区为支撑，以各类海洋景点、旅游节庆和特色产品为补充的海洋旅游供给体系。

突出特色，打造海洋旅游品牌。全省打造“诗画江南”旅游品牌，各地市根据本地海洋旅游发展特色，增强产品对品牌的表现力，进一步丰富“诗画江南”旅游品牌的内涵。如舟山市以深耕市场为基点，扩大舟山旅游品牌影响力。按照“政府搭台、企业参与、市场化运作”的原则，进一步打响“海天佛国、渔都港城”舟山群岛旅游品牌；创建“嗨·岛游”专题海岛旅游门户网站；通过组织参加旅游博览会，展示舟山“中国海上花园城市”品牌形象等。台州突出海洋旅游开发特色，大力推进椒江大陈岛、三门蛇蟠岛、临海桃渚风景旅游区、台州滨海城市旅游区、温岭东南滨海旅游区、玉环“中国休闲渔都”旅游区六大海洋休闲度假旅游功能区建设，打造“佛宗道源、山海台州”“台州味道”等旅游品牌。目前，台州市共有大陈岛、温岭石塘半岛 2 个滨海旅游类型的省级旅游度假区，玉环大鹿岛、漩门湾观光农业园、三门蛇蟠岛被评为国家 4A 级旅游景区和省级生态旅游区；大陈岛景区、临海桃渚城景区、玉环漩门湾湿地公园通过国家 4A 级旅游景区资格评估。临海桃渚新列入国家级风景名胜区名单，玉环大鹿岛被评为国家海洋公园。椒江大陈镇、黄岩澄江街道、临海桃渚镇等 11 家单位成功列入省级旅游风情小镇培育名单。通过一系列品牌创建，业态培育，不断完善海洋旅游产品体系。此外，温州、嘉兴、宁波等地在海洋特色和品牌建设方面都有不同程度的推进。

（三）强化旅游品牌的营销推广

对外宣传推广，扩大知名度。随着国内旅游市场竞争越来越激烈，加大宣传力度也成为浙江省发展旅游业的一个必不可少的重要环节。2017 年，浙江省旅游局继续开展"诗画浙江"品牌推广活动，如："诗画浙江"高铁旅游系列专列启动运行、首架"诗画浙江"号彩绘飞机精彩亮相、首趟"诗画浙江—阿克苏"号援疆旅游专列成功发车、首场 12000 人参与的景区活力马拉松赛开跑，创先开展"四美"产品特卖会和"千万浙江人百日游浙江""美丽乡村·环浙骑游"活动，在中央电视台投放《诗画浙江》广告宣传片，集中开展大规模旅游市场专项整治等一系列的宣传推广活动，进一步扩大"诗画浙江"旅游品牌知名度。

与此同时，各个地市也充分利用节会、赛事活动，通过广告牌、电视、网络等方式强化旅游推介，不断创新营销模式，拓展海洋旅游客源市场。

第一，充分利用节会等营销推广手段，不断扩大海洋旅游品牌知名度。节会营销在海洋旅游品牌宣传和海洋旅游市场拓展方面起到了非常重要的作用，很多海洋旅游正是以这些节庆活动为纽带而组织进行的。如舟山精心组织参与各类旅游展会，以展示"中国海上花园城市"品牌形象为核心，组织参加第九届中国（义乌）国际旅游商品博览会、厦门海峡两岸旅游博览会、中国—东盟博览会旅游展、国际海岛旅游博览会、2017 杭州世界休闲博览会、中国国际旅交会、中国海南休闲旅游博览会、2017 浙江（上海）旅交会暨"美景、美食、美宿、美购"特卖会等展会，开展海岛特色全域旅游营销，扩大舟山群岛旅游知名度。同时，舟山连续成功举办三届国际海岛旅游大会，并以此为抓手，构筑了舟山对外开放的新平台，提升舟山群岛旅游国际美誉度。此外，其他地市也通过不同形式开展营销活动，如：台州围绕"佛宗道源、山海台州"主题，不断加大台州海洋海岛旅游的宣传营销力度。截至 2017 年年底，台州市已连续举办五届中国（台州）东海文化旅游节；近几年，通过连续举办"台州旅游月月旺"活动，按照"一月一节，一节一品"的原则，相继举办三门青蟹节、海鲜美食节、蛇蟠岛滑泥节，大陈国际海钓节、玉环海岛文旦节、温岭石文化节等内容丰富、形式多样的节庆活动。平湖市通过举办赛事活动，吸引了大批长三角地区高层次精英到平湖参与运动休闲比赛活动，促进了会展、商务合作，通过这些赛事活动的举办，提升了平湖滨海旅游业的知名度和品牌美誉度。

第二，通过电视、互联网、自媒体、电商平台等不同媒介，提升旅游品牌影响力。如台州市通过央视、凤凰网等境内外知名媒体，加大投入，进一步提升“山海台州”的品牌影响力和辐射力。舟山市也大力推进互联网营销，如不断推进舟山智慧旅游基础数据库采集、完善工作，建设集形象推广和产品销售为一体的旅游综合电子商务平台；不断完善舟山旅游官方微信微博、国际海岛旅游大会、“舟山 Time”微信微博功能，创建“嗨·岛游”专题海岛旅游门户网站，探索创新开展“跟着手机游舟山”等活动。

第三，个别地市还通过创新营销模式，开拓海洋旅游客源市场。如舟山市通过营销模式创新：其一，开展重点客源市场旅游推介。联合 20 家组团旅行社，在杭州重点社区组织开展银发市场营销活动；组织全市旅行社赴杭州、温州开展疗休养海岛旅游产品宣传促销活动，与当地上百家旅游机构和新闻媒体开展交流合作，受到了市场热烈欢迎。其二，开拓新兴客源旅游市场。在广东开展寻找 33 位“舟山有缘人”活动，吸引万余名游客报名，网络点击量超百万。与贵州黔西南州、吉林松原市开展全面旅游合作，共同推动客源互送与产品互补。通过浙东南旅游联合体，重点开展广西、云南等新兴市场营销，扩大西南市场份额。

（四）发挥大项目建设的引领作用

浙江省各地市政府认真落实省政府加快发展海洋旅游的决定，加大对海洋旅游的支持力度，重视通过助推海洋旅游重大或重点项目建设来引领海洋旅游发展。

一是加大旅游项目招引力度。例如，舟山市推进与浙旅集团的合作，充分发挥舟山海岛旅游产业基金的作用，重点谋划白沙—柴山岛、登步岛的整岛开发等项目；规划中国大桥公园、国际邮轮母港小镇等，招引投资主体；推进与澳大利亚澳普兰游艇生产和运用公司合作，推进高端游艇制造和运营产业。

台州市编印《台州市旅游招商项目手册》，2017 年 11 月 21 日，在上海组织召开了台州市旅游项目投资洽谈会，现场签约 20 个旅游项目，协议总投资 241 亿元，涵盖运动休闲、康体养生、主题酒店等旅游新业态。同时，利用 2017 中东欧国家旅游合作交流会、国际海岛大会等平台促招商，天台台岳国际露营公园项目、三门县生态旅游投资建设项目、天台未来谷文化旅游景区、中国（三门）帆艇小镇等 6 个项目实现签约，总投资额达 28 亿元。

此外，温州市扎实助推海洋旅游重大项目建设，成功引进姑苏园林控股集团在会昌滨河公园投资温州市首个旅游实景演艺节目——极力道时尚演艺项目。

二是助推海洋旅游重大或重点项目建设。“十三五”期间，嘉兴市开发建设了一批滨海旅游重点项目，如：九龙山滨海旅游度假区的海洋花园、海洋世界、九龙山温泉会馆、海洋世界、威斯汀酒店、西沙湾景观配套二期等七大重点项目；海宁百里钱塘国际旅游长廊中盐官古城的保护与开发、沿江生态绿带和沿江旅游景观的建设等项目，以及南北湖生态文化旅游综合体、南北湖旅游小镇14.4亩商办项目等。通过项目建设，实现错位开发和特色发展，形成嘉兴滨海旅游发展的整体合力，为进一步加快滨海旅游发展奠定了基础。

台州市也大抓项目，加大海洋旅游投入。“十二五”期间，台州市共278亿元的旅游投入中，海洋海岛旅游及相关项目比重达56%。2017年台州在建的69个重点旅游项目中，海洋海岛旅游及相关项目比重达51%。大陈岛、石塘半岛旅游区、漩门湾湿地公园、蛇蟠岛等重点项目均取得突破性进展，椒江至大陈岛250客位高速客轮同步投入使用，大陈岛核心景区已完成总工程量的95%；温岭石塘半岛度假区已启动《石塘半岛省级旅游度假区总体规划》以及环评报告编制工作，金沙滩游客中心、洞下沙滩停车场、绿道标识等旅游基础设施配套建设正加紧实施中；以日出三舍、栖衡石舍、裸心海、村曼里等为代表的20余家高端海洋品质民宿已对外开放。

此外，舟山市也抓紧跟踪对接旅游重大项目。2017年，舟山市旅游在建项目73个，总投资214.63亿元。针对国际海岛旅游大会期间签约的一批重大旅游项目，舟山市抓紧沟通对接，加快舟山欢乐海洋大世界（一期）项目，普陀山禅意小镇莲花湾休闲度假区项目、嵊泗·拾得海岛度假示范区项目、马关红树林度假世界项目、阿那度普陀国际美宿集群项目等重大旅游项目落地实施。

第二节 2017年浙江省海洋旅游发展主要进展

一、浙江省滨海五市海洋旅游产业发展现状

（一）旅游业主要指标

1. 滨海县域指标

2017年，浙江滨海五市27个滨海县（市、区）的旅游总收入为3180.11亿元，占全省旅游总收入的34.11%；旅游总人次为3.07亿人次，占全省旅游总人次的

47.88%。其中，国内旅游总收入 3113.75 亿元，国内旅游总人次 3.05 亿人次，入境旅游人次为 236.22 万人次。

2. 滨海市域指标

2017 年，滨海五市共接待国内外旅游者 46585.01 万人次，同比增长 14.62%，实现旅游总收入 5831.98 亿元，同比增长 20.11%，保持了平稳增长的态势，增长速度远高于全省旅游总人次 9.63%、旅游总收入 15.14% 的平均水平（见图 1–2）。

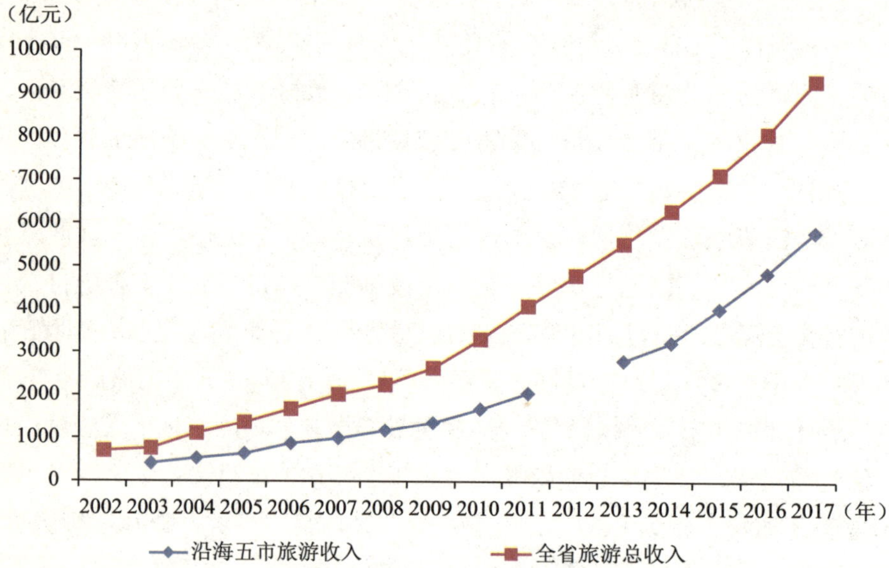

图 1–2　2002~2017 年滨海五市旅游总收入和旅游总人数数据统计

历年来，滨海各市的旅游产业得到稳定发展，旅游总人次实现稳定增长。其中，宁波、台州、温州等地的旅游总人次均在 2017 年实现了破亿万的发展目标（见图 1–3）。

具体来看，2017 年，宁波市共接待游客总人次 11186.9 万人次，同比增长 19.37%，约占滨海五市的 24%；温州市共接待海内外旅游者 10376.14 万人次，同比增长 16.03%，约占滨海五市的 22%；舟山市共接待境内外游客 5507.16 万人次，同比增长 19.45%，约占滨海五市的 12%；嘉兴市共接待境内外游客 9214.81 万人次，增长 16.7%，约占滨海五市的 20%；台州市共接待国内外旅游者 10300 万人次，同比增长 15.2%，约占滨海五市的 22%（见图 1–4）。

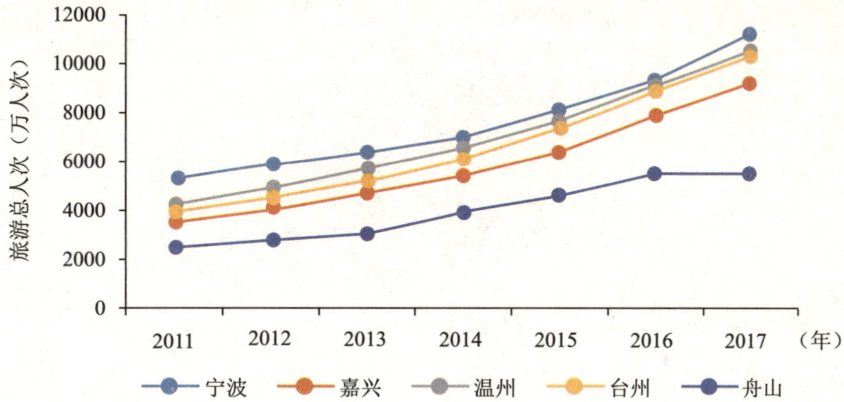

图 1-3　2011~2017 年滨海各市旅游总人次分析图

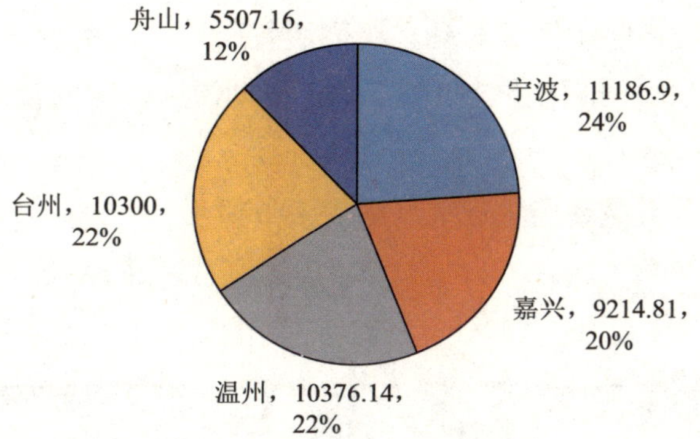

图 1-4　2017 年滨海五市旅游总人次占比情况（万人次）

2017 年，滨海各市的旅游总收入也实现了不同程度的增长。其中，宁波市实现旅游总收入 1715.9 亿元，同比增长 18.6%，约占滨海五市的 29%。温州市实现旅游总收入 1150 亿元，同比增长 19.84%，约占滨海五市的 20%。舟山市实现旅游总收入 806.65 亿元，同比增长 21.92%，约占滨海五市的 14%。台州市实现旅游总收入 1133.34 亿元，同比增长 18.3%，约占滨海五市的 19%。嘉兴市实现旅游总收入 1026.09 亿元，同比增长 20.6%，约占滨海五市的 18%（见图 1-5）。

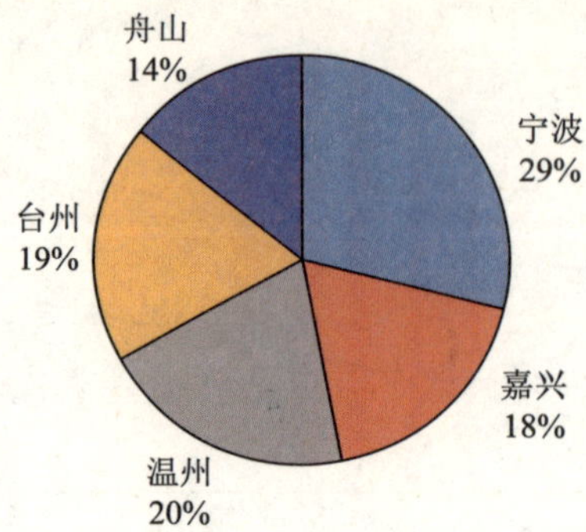

图 1-5　2017 年滨海各市旅游总收入分析图

（二）行业发展

1. 住宿

2017 年，滨海五市除了继续推动星级酒店发展以外，重点开展了特色文化主题酒店创建和非标住宿的标准化建设两项工作，推动饭店行业的转型升级。其中：

（1）标准住宿

2017 年滨海五市星级酒店数量统计如表 1-6 所示。

表 1-6　2017 年滨海五市星级酒店数量统计

单位：家

地区 / 等级	全省	舟山	温州	宁波	嘉兴	台州
五星级	41	1	6	24	7	3
四星级	71	3	18	24	11	15
三星级	139	15	28	43	31	22
二星级	44	9	4	28	0	3
一星级	3	0	0	1	0	2
合计	298	28	56	120	49	45

（2）非标准住宿

浙江省参与编制了《旅游民宿基本要求与评价》（LB/T 065—2017）国家行业标准，并结合自身实际出台了更高标准的地方性行业标准《民宿基本要求与评定》（DB33/T 2048—2017），在民宿质量等级划分中新增了要求更高的白金级，以保持浙江省民宿在全国的引领地位。以此为标准，滨海五市对民宿行业进行了整改提升，并积极推动市内优质民宿参与申报评定。根据浙江省民宿评定管理委员会公布的《关于浙江省首批白金级、金宿级民宿拟评定名单的公示》名单，宁波、温州、嘉兴三地的入选总数约占到全省的 1/4（见表 1–7），这对于推动滨海五市民宿产业发展具有良好的示范效应和促进作用。

表 1–7 2017 年滨海五市白金级、金宿级民宿数量统计表

单位：家

地区 / 等级	全省	舟山	温州	宁波	嘉兴	台州
白金级	6	0	1	1	0	0
金宿级	17	1	0	2	2	1
合计	23	1	1	3	2	1

备注：数据来源于浙江省旅游局官网，《关于浙江省首批白金级、金宿级民宿拟评定名单的公示》。

（3）特色文化主题酒店

建设特色文化主题酒店是饭店业进行转型升级、转变发展方式的重要举措，也是饭店业进行差异化发展的重要路径。滨海五市各旅游部门积极推进饭店特色文化建设工作，鼓励有条件的饭店争创特色文化主题饭店，并在全省形成了领先优势，尤其是嘉兴市，数量优势明显。截至 2017 年 10 月，滨海五市已有开元十七房度假酒店、宁波墨憩酒店、南塘阅居酒店、乐清金鼎大酒店等金鼎级特色文化主题酒店 9 家，约占全省同级别酒店总量的 1/2；拥有银鼎级特色文化主题酒店 9 家，约占全省同级别酒店总量的 1/3。

表 1–8 2016~2017 年滨海五市特色文化主题酒店数量统计表

单位：家

地区 / 等级	全省	舟山	温州	宁波	嘉兴	台州
金鼎级	19	2	1	3	3	0
银鼎级	31	0	1	1	4	3
合计	50	2	2	4	7	3

备注：数据来源于网络收集统计。

2. 旅行社

创建星级旅行社，特别是高星级旅行社，是推动旅行社转型与精品化的重要举措。滨海五市，目前共有 204 家星级旅行社，占全省星级旅行社总量的 45.43%。其

中，四星级及以上旅行社占全省该级（高星）旅行社总量的38.98%。在滨海五市中，宁波拥有的四星级及以上旅行社的数量最多，达27家，占滨海五市该（高星）级别旅行社的29.35%（见表1-9）。

表1-9 2017年滨海五市旅行社数量统计

单位：家

地区/等级	全省	舟山	温州	宁波	嘉兴	台州
5星级	36	1	4	6	0	3
4星级	200	7	13	21	18	19
3星级	186	3	4	42	24	23
2星级	19	3	1	1	0	1
1星级	8	0	0	10	0	0
合计	449	14	22	80	42	46

3. 旅游景区

截至2017年年底，滨海五市新增多家高等级景区。目前，共有国家5A级旅游景区8家，占到全省5A级景区总量的50%。其中，西塘古镇景区为2017年新增，至此，嘉兴市成为省内拥有国家5A级景区数量最多的地级市之一。从旅游接待量来看，仅舟山普陀山与温州雁荡山风景名胜区，2017年累计吸引旅游者1584.16万人次。但从景区的地理分布来看，真正的滨海5A级旅游景区数量仍只有普陀山风景名胜区一家。另外，五市新增4A级景区16家，其中温州新增2家，宁波新增1家，嘉兴新增1家，台州新增2家。

4. 旅游度假区

2017年年底，浙江省新增国家级旅游度假区1家、省级旅游度假区2家，分别是湖州市安吉灵峰旅游度假区、宁波梅山湾省级旅游度假区、义乌市佛堂省级旅游度假区。至此，滨海五市中嘉兴5家、台州5家、宁波4家、温州2家、舟山2家，占全省旅游度假区的40%，拥有国家级旅游度假区1家，约占浙江省国家级旅游度假区的25%。2017年新增的宁波梅山湾省级旅游度假区位于宁波北仑东部沿海，总面积约46平方公里，将以长三角唯一的蓝色海湾、罕见的金色沙滩为依托，打造以滨海度假、运动赛事为核心，汇集海洋主题游乐、健康养生、保税展销等多元业态的高品质滨海运动休闲度假胜地；佛堂度假区总面积约48平方公里，将以“文化休闲、禅意养生”为核心理念，创新开发生态休闲度假项目，打造中国“最具禅意”的休闲旅游目的地（见表 1–10）。

表 1–10　滨海五市省级旅游度假区数量统计

地市	名称	面积（平方公里）	级别	县域
舟山	舟山群岛定海国际旅游度假区	42.00	省级	定海
	舟山群岛普陀国际旅游度假区	51.70	省级	普陀
宁波	宁波东钱湖旅游度假区	65.20	国家级	—
	宁波松兰山旅游度假区	25.1	省级	象山
	镇海九龙湖省级旅游度假区	44.35	省级	镇海
	宁海森林温泉省级旅游度假区	36.01	省级	宁海
	宁波梅山湾省级旅游度假区	46	省级	北仑
温州	泰顺廊桥—氡泉省级旅游度假区	51.60	省级	—
	文成天湖省级旅游度假区	32.20	省级	—
嘉兴	嘉兴湘家荡旅游度假区	45.25	省级	—
	平湖九龙山旅游度假区	10.12	省级	平湖
	乌镇—石门省级旅游度假区		省级	—
	海宁盐官省级旅游度假区	46.50	省级	海盐
	嘉善大云温泉省级旅游度假区		省级	—
台州	神仙居旅游度假区	49.2	省级	—
	台州绿心省级旅游度假区	44.53	省级	—
	椒江大陈岛省级旅游度假区	24.59	省级	椒江
	石塘半岛省级旅游度假区	24.83	省级	温岭
	临海牛头山旅游度假区	10.20	省级	临海

5. 省级生态旅游区

全省目前共有 69 家省级生态旅游区，见表 1–11 至表 1–14。其中，宁波市共 7 家，全部位于滨海县（市、区），数量居全省第一；台州地区 7 家，其中滨海县（市、区）占 5 家；温州市 10 家，其中滨海县（市、区）占 3 家；舟山市 4 家，全部位于滨海县（市、区）；嘉兴地区 6 家，其中滨海县（市、区）占 1 家。

表 1–11　滨海五市省级旅游度假区数量统计表

地市	数量	批次	名称	滨海县（区、市）
舟山	4	第一批	桃花岛风景旅游区	普陀
		第二批	普陀山景区	普陀
		第六批	大青山国家公园	朱家尖
		第七批	新建生态村景区	定海
宁波	7	第一批	大桥生态农庄旅游区	慈溪
		第二批	滕头村	奉化
		第三批	溪口风景名胜区	奉化
		第四批	雅戈尔达蓬山文化旅游区	慈溪
		第五批	丹山赤水旅游景区	余姚
		第六批	大堰原生态景区	奉化
		第七批	杭州湾国家湿地公园景区	慈溪
温州	10	第二批	南雁荡山景区	平阳
		第三批	百丈飞瀑景区	嵊州
		第四批	铜铃山景区	文成
			石桅岩景区	永嘉
		第五批	花岩国家森林公园	瑞安
			龙麒源景区	文成
			龙湾潭国家森林公园	永嘉
		第六批	四海山森林公园	永嘉
		第七批	乌岩岭景区	泰顺
			雁荡山灵峰景区	乐清
台州	7	第一批	天台山风景名胜区	天台
		第二批	神仙居景区	仙居
		第三批	江南长城景区	临海
		第四批	长屿硐天景区	温岭
		第五批	漩门湾旅游景区	玉环
			方山旅游景区	温岭
		第六批	蛇蟠岛景区	三门

续表

地市	数量	批次	名称	滨海县（区、市）
嘉兴	6	第一批	南湖风景区	南湖
		第二批	南北湖景区	海盐
		第三批	乌镇景区	桐乡
		第四批	东湖景区	平湖
		第六批	梅花洲景区	南湖
		第七批	湘家荡环湖景区	南湖
合计	34			

6. 旅游类特色小镇

2017 年，浙江省发改委公布了第三批省级特色小镇名单，滨海五市仅两家旅游类特色小镇上榜，分别是宁波的象山星光影视小镇和嘉兴的平湖国际游购小镇。至此，浙江省完成了对全市特色小镇的空间和产业布局。从表 1–12 中可以看到，滨海五市共有旅游类特色小镇 10 家，并且均匀地分布于各市。

表 1–12　滨海五市旅游类特色小镇数量统计表

地市	数量	批次	名称	滨海县（区、市）	考核情况
舟山	2	第二批	普陀沈家门渔港小镇	普陀	良好
			朱家尖禅意小镇	普陀	合格
宁波	2	第二批	杭州湾新区滨海欢乐假期小镇	慈溪	良好
		第三批	象山星光影视小镇	象山	—
温州	2	第二批	文成森林氧吧小镇	—	警告
			平阳宠物小镇	—	降格
台州	2	第一批	仙居神仙居氧吧小镇	—	合格
		第二批	天台天台山和合小镇	—	降格
嘉兴	2	第一批	嘉善巧克力甜蜜小镇	—	良好
		第三批	平湖国际游购小镇	平湖	—
合计	10				

与此同时，浙江省发改委也于 2017 年 7 月对前两批特色小镇进行了考核，其中

滨海五市旅游类特色小镇的考核情况如表 1–12 所示。从考核结果来看，有 2 家被降格处理，1 家被警告处理，被处理数量约占被考查对象总量的 3/8。不仅如此，即便是未被处理的考核对象也基本是停留在合格和良好层面，未有一家进入优秀水平，这说明滨海五市的旅游类特色小镇整体处于中下发展水平。从地区上看，舟山、宁波和嘉兴表现较好，均处于合格及良好水平；温州和台州表现较差，无一家进入良好及以上水平。为了更科学地对特色小镇进行评价，浙江省发改委专门委托杭州数亮科技股份有限公司研发了一套浙江省特色小镇发展指数，能够更具体地看到每个特色小镇各个指标的得分情况。图 1–6 是根据综合发展指数进行降序排列绘制而成的滨海五市第一、第二批旅游类特色小镇分析图，从图 1–6 中可以清楚地看到，综合表现最好的舟山市普陀沈家门渔港小镇，达到了 80.4 分；表现最差的是台州的仙居神仙居氧吧小镇，仅为 70.42 分。不仅如此，此图更透露一个重要信息：杭州湾新区滨海欢乐假期小镇是最富有发展潜力的特色小镇，因为它的政策环境建设最优，天台山和合小镇和文成森林氧吧小镇若能快速提升基础设施环境，也具备后来追上的机会。

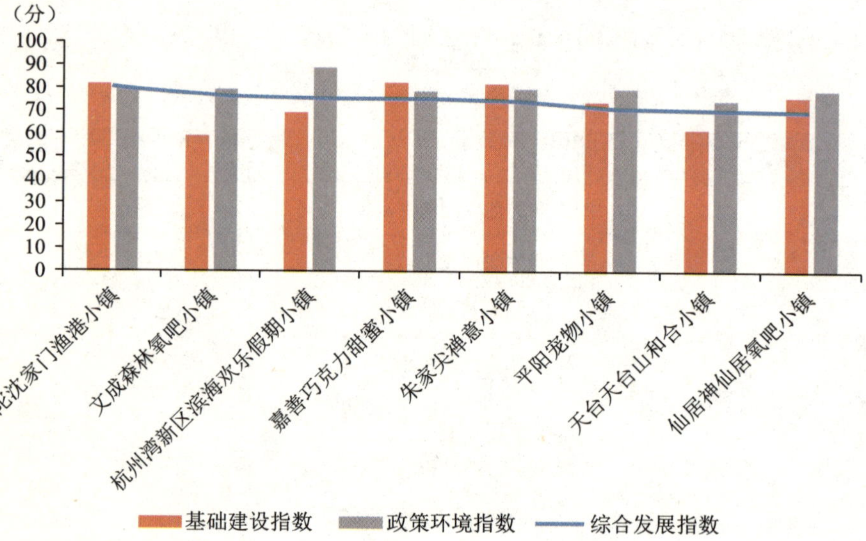

图 1–6　滨海五市旅游类特色小镇发展指数分析图

7. 乡村旅游景区

乡村是农民幸福生活的家园，是都市居民休闲养老的理想桃花源，发展乡村旅游，是推动乡村社会经济发展，实现乡村振兴的有效途径和手段。浙江省的乡村旅游始终走在全国的发展前列，逐渐从传统的乡村观光休闲向乡村生活度假过渡，乡村旅游的评价认定也发生了转变，从乡村旅游点、特色旅游村向休闲旅游示范村、慢生活休闲旅游示范村等方向转变。回顾过去，浙江省的乡村旅游集中于内陆，形成了“湖州模式”“磐安模式”“遂昌模式”“桐庐模式”等特色模式。但进入“十三五”以后，滨海五市的乡村旅游不甘其后，尤其是进入2017年以后，滨海五市在各种新型乡村旅游类型的申报中异军突起，引领全省新型乡村旅游发展。

根据浙江省旅游局公布的数据显示（见图1–7）：2017年，滨海五市共有46个村落进入浙江省首批休闲旅游示范村名单，占到全省总量的44%。其中，宁波、温州和嘉兴三市发展较好，成为全省休闲旅游乡村的示范。

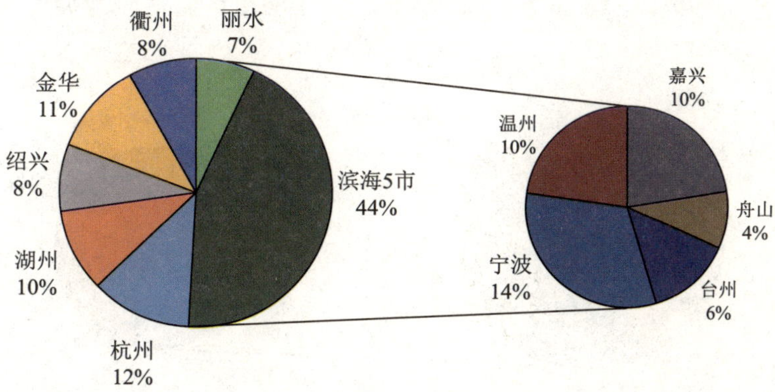

图1–7 2017年浙江省首批省级休闲旅游示范村统计分析图

2017年，浙江省开展了慢生活休闲旅游示范村的申报创建工作，温州洞头区东坪街道东岙村、舟山定海区干览镇南洞村等位列其中。根据浙江省旅游局公布数据显示，滨海五市共有7个村落入选首批省级慢生活休闲旅游示范村名单，占到总量的35%，成为引领全省乡村慢生活旅游的先锋模范。

表1–13 2017年滨海五市首批省级慢生活休闲旅游示范村统计名单

地区	名单
舟山市	定海区干览镇南洞村
宁波市	奉化区萧王庙街道滕头村
	余姚市四明山镇大山村
温州市	洞头区东坪街道东岙村
	永嘉县云岭乡南陈村
台州市	天台县街头镇后岸村

续表

地区	名单
嘉兴市	桐乡市大麻镇海华村
合计	7

备注：数据来自浙江省旅游局网站。

不仅如此，为了进一步推动全域旅游的发展，通过“万村景区化”实现全省美丽大花园的建设，全省掀起了 A 级景区村庄建设。截至 2017 年年底，滨海五市共有 3A 级景区村庄 96 个，约占全省的 33%，尤以宁波市、温州较为突出（见图 1-8）。

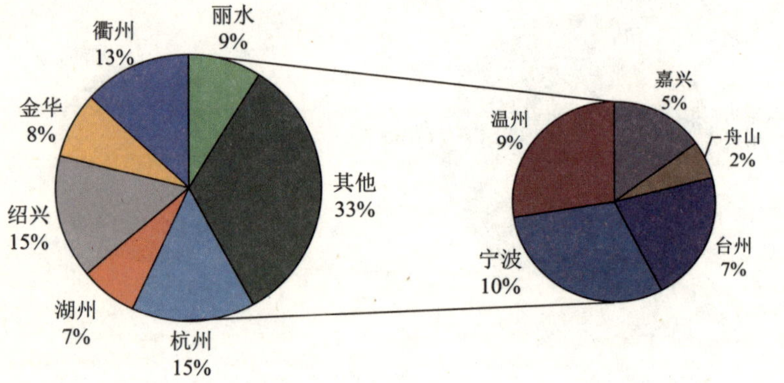

图 1-8　2017 年滨海五市首批 3A 级景区村庄统计分析

8. 旅游风情小镇

旅游风情小镇意在保护和利用全省众多的小镇原始文化风貌，通过创新旅游业态、丰富旅游功能，使其成为各地旅游产业新的聚集点和新产品。2016 年，浙江省出台了《浙江省人民政府办公厅关于旅游风情小镇创建工作的指导意见》并开展了首批省级旅游风情小镇的创建工作。两年间，滨海五市共有 57 家单位入选（详细名单见表 1-14），约占到全省总量的 43%。

表 1-14　2016~2017 年滨海五市省级旅游风情小镇数量统计表

创建年份	地市	数量	名单	滨海县（区、市）
2016	宁波	3	观海卫镇（鸣鹤古镇）	慈溪
			识浦镇	象山
			前童镇	宁海

续表

创建年份	地市	数量	名单	滨海县（区、市）
2016	温州	2	南矶山镇、泗溪镇	—
	嘉兴	2	乌镇镇、西塘镇	—
	舟山	1	五龙乡	嵊泗
	台州	1	石塘镇	温岭
2017	宁波	11	鄞江镇、横街镇、洪塘街道、四明山镇、大岚镇	—
			招宝山街道	镇海区
			横溪镇	鄞州区
			溪口镇、大堰镇	奉化区
			茅洋乡	象山县
			深甽镇	宁海县
	温州	12	泽雅镇、岩头镇、云岭乡、南田镇、竹里畲族乡	—
			瑶溪街道	龙湾区
			东屏街道	洞头区
			青街畲族乡	平阳县
			马站镇、桥墩镇	苍南县
			高楼镇	瑞安市
			淡溪镇	乐清市
	嘉兴	10	凤桥镇、油车港镇、新塍镇、大云镇、石门镇、崇福镇	—
			澉浦镇	海盐县
			黄湾镇	海宁市
			钟埭街道、广陈镇	平湖市
	舟山	4	马岙街道	定海区
			桃花镇、东极镇	普陀区
			东沙镇	岱山县
	台州	11	澄江街道、石梁镇、平桥镇、皤滩乡、横溪镇	—
			大陈镇	椒江区

续表

创建年份	地市	数量	名单	滨海县（区、市）
2017	台州	11	鸡山乡、清港镇	玉环县
			蛇蟠乡	三门县
			桃渚镇、尤溪镇	临海市
合计		57		

其中，滨海县（区、市）共有 32 家单位入选，约占到滨海五市总量的 56%，这些旅游风情小镇无疑是“十三五”时期浙江省发展海洋旅游的重点（见图 1-9）。

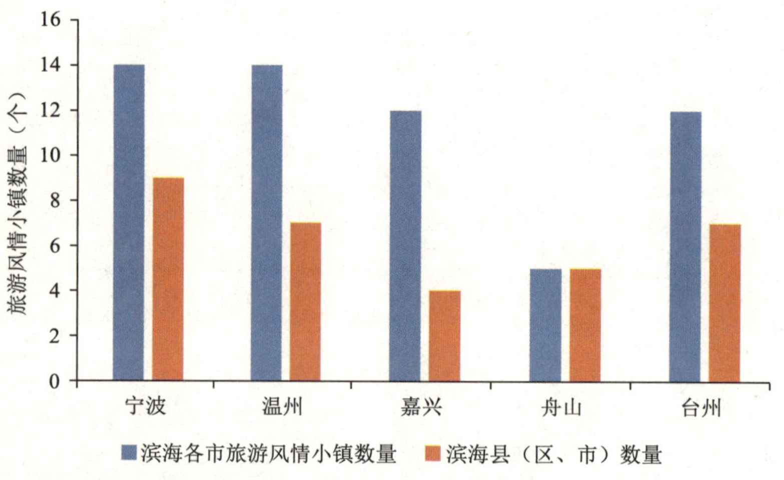

图 1-9　2016~2017 年滨海县（区、市）旅游风情小镇发展情况统计

9. 产业融合基地

目前，浙江省海洋海岛旅游产业融合的类型主要为工业旅游、运动休闲、中医药文化养生、康体养生、休闲渔业等。

（1）省级工业旅游示范基地

截至 2017 年年底，浙江省共有工业旅游示范基地 103 家，其中滨海五市有工业旅游示范基地 42 家，约占总量的 41%。工业旅游示范基地数量的多少与地方经济紧密相关，地方经济越强，工业旅游示范基地数量越多，各地按数量由多到少排序依次是宁波（17 家）、嘉兴（12）家、温州（7 家）、台州（5 家）、舟山（1 家）。

表 1–15　2012~2017 年滨海五市省级工业旅游示范基地数量统计表

地市	数量	名称	滨海县（区、市）
舟山	1	浙江富丹旅游食品有限公司（2012）	普陀
宁波	17	浙江造船有限公司（2012）	象山
		宁波远景汽车零部件有限公司（2012）	慈溪
		余姚裘皮城（2013）	余姚
		沁园集团（2013）	—
		宁波欧琳厨具有限公司（2013）	—
		海伦钢琴股份有限公司（2013）	北仑
		和丰创意广场（2013）	—
		宁波市牛奶集团有限公司（2013）	—
		宁波鄞州引发雪菜工业园（2014）	—
		宁波慈溪时发古典家具有限公司（2014）	慈溪
		光大环保能源（宁波）有限公司（2015）	—
		上海大众汽车有限公司宁波分公司（2015）	—
		慈溪寿鹤陶瓷有限公司（2016）	慈溪
		宁波市朱金漆木雕文化发展有限公司（2016）	—
		宁波北区污水处理有限公司（2016）	—
		浙江微微文化创意有限公司（2017）	慈溪
		宁波明州环境能源有限公司（2017）	—
温州	7	浙江英博雁荡山啤酒有限公司（2012）	乐清
		三门核电有限公司（2012）	三门
		浙江红蜻蜓鞋业股份有限公司（2012）	—
		正泰集团股份有限公司（2012）	乐清
		康奈集团（2013）	—
		温州平阳浙江一鸣食品股份有限公司（2014）	平阳
		法派集团有限公司（2017）	—

续表

地市	数量	名称	滨海县（区、市）
嘉兴	12	嘉兴铁哥们企业管理有限公司（2012）	—
		嘉兴嘉善斯麦乐巧克力乐园（2014）	—
		嘉兴桐乡浙江港龙木结构科技有限公司（港龙木屋休闲体验馆）（2014）	—
		嘉兴南湖风雅陶笛文化休博园（2014）	—
		浙江依爱夫游戏装文化产业有限公司（2015）	—
		浙江泛亚生物医药股份有限公司（2015）	—
		桐乡恒基建设集团有限公司（2015）	—
		桐乡市华旺毛衫业科技开发有限公司（2016）	—
		桐乡市汇才红木家具有限责任公司（2016）	—
		浙江伊思佳体育旅行装备有限公司（2016）	平湖
		海宁安正时尚集团股份有限公司（2017）	—
		浙江浙能嘉华发电有限公司（2017）	平湖
台州	5	中国国电集团温岭江厦潮汐试验电站（2012）	温岭
		浙江同康酒业有限公司（2016）	温岭
		临海市浙东休闲家具城（2016）	临海
		台州市绣都服饰有限公司（2017）	椒江
		浙江新维士生物科技有限公司（2017）	—
合计	42		

（2）省级中医药文化旅游示范基地

2014~2017 年，浙江省共评定省级中医药文化养生示范基地 54 家，其中滨海五市占 20 家，并主要集中在温州地区（11 家），这主要得益于温州市在中草药种植，特别是铁皮石斛的种植上占据绝对优势。其他地区分布较少，宁波市有 4 家、嘉兴市 2 家、台州市 2 家、舟山市 1 家。

表 1-16　2017 年滨海五市省级中医药文化旅游示范基地数量统计表

创建年份	地市	数量	创建单位	滨海县（区、市）
2014	温州	1	温州泰顺玉龙山氡温泉	—
	嘉兴	1	嘉兴秀洲清池温泉	—
2015	宁波	2	宁波市香泉湾山庄有限公司	余姚
			宁波易中禾仙草园	—
	温州	2	雁荡山铁枫堂铁皮石斛	乐清
			温州中医院普安文化养生基地	—
2016	宁波	1	宁波枫康石斛养生园	象山
	温州	4	浙江聚优品铁皮石斛生产基地	乐清
			雁荡山龙西石斛谷	乐清
			泰顺穆寨栀子花生产基地	—
			浙江四海山中医药文化养生基地	—
	嘉兴	1	华圣石斛园	—
	舟山	1	舟山中医院中医药养生保健旅游基地	定海
	台州	1	天台山温泉山庄	—
2017	宁波	1	宁波昱博仙草园	—
	温州	4	泰顺县莲云谷温泉酒店	泰顺
			文成山一角中药养生休闲园	—
			乐清市丰之源石斛休闲园	乐清
			苍南县鹤顶山老土茶场基地	苍南
	台州	1	浙江济公缘铁皮石斛旅游基地	—
合计		20		

（3）省级老年养老旅游示范基地

老年养老旅游基地是旅游与老年养老产业融合发展的一种新兴业态，得到了全省各地市的高度重视。截至 2017 年年底，滨海五市已累计拥有省级老年养老旅游示范基地 9 家，约占全省 22 家的 41%（具体名单见表 1-17）：

表 1-17　2016~2017 年滨海五市省级老年养老旅游示范基地数量统计表

年度	地市	数量	名单	滨海县（区、市）
2016	宁波	0	—	—
	温州	1	平阳县水头镇仕静村	—
	嘉兴	1	嘉兴市南湖区凤桥镇三星村	—
	舟山	0	—	—
	台州	1	临海市小芝镇中岙村	临海市
2017	宁波	2	象山县泗洲头镇峙前村	象山县
			奉化区萧王庙街道滕头村	奉化区
	温州	2	泰顺县竹里乡竹里村 文成县南田镇武阳村	—
	嘉兴	1	桐乡市屠甸镇荣星村	—
	舟山	0	—	—
	台州	1	临海市尤溪镇下涨村	临海市
合计		9		

但是进一步观察就会发现，滨海五市的省级老年养老旅游示范基地集中于内陆的县（区、市），海洋资源最为丰富的舟山市和温州洞头区等竟然连续两年空缺。这说明，浙江省海洋旅游市场中，海洋与养生养老产业融合的新业态尚未得到重视，该领域仍有较大的发展空间。

（4）省级运动休闲旅游示范基地

表 1-18　2016~2017 年滨海五市省级运动休闲旅游示范基地数量统计表

地区 / 类别	全省	舟山	温州	宁波	嘉兴	台州
基地	7	1	0	3	0	0
优秀项目	31	0	5	10	3	4
精品线路	3	0	0	1	0	0
合计	41	1	5	14	3	4

2017 年 7 月 6 日，在江苏省无锡市召开的“2017 年全国体育旅游产业发展大会”上，国家旅游局、国家体育总局联合发布了首批“国家体育旅游示范基地”创建单

位名单，无锡市东钱湖旅游度假区作为浙江省唯一的示范基地项目入围。

（5）省级果蔬采摘旅游示范基地

果蔬采摘旅游示范基地是旅游与农业融合发展的一种新兴业态，得到了全省各地市的高度重视。其中滨海五市后来居上，自 2015 年占全省的 38.81%，至 2016 年、2017 年省内超过一半或半数的果蔬采摘旅游示范基地为滨海五市创建。至 2017 年，已累计拥有省级果蔬采摘旅游示范基地 98 家约占全省 47.8%（具体名单见表 1–19）：

表 1–19　2017 年省级果蔬采摘旅游示范基地数量统计表

地区 / 年度	全省	舟山	温州	宁波	嘉兴	台州
2015	67	0	5	10	5	6
2016	70	6	8	11	6	7
2017	68	6	7	8	7	6
合计	205	12	20	29	18	19

（6）省级运动休闲旅游示范基地 / 项目

随着 2008 年北京奥运会的成功举办和 2022 年杭州亚运会的重磅加持，“全民健身”的理念在浙江省内得到广泛普及，并已经渗透到全省的各个角落，运动休闲旅游也已成为全省旅游业创新发展的重要方面。截至 2017 年年底，滨海五市已有省级休闲旅游示范基地 / 项目 41 个，包括登山徒步、攀岩、马术运动、划船漂流、滑雪滑泥、自行车运动、户外露营、休闲垂钓、高尔夫击球运动、空中滑翔等项目，实现水陆空全范围、立体化、多样化发展，并且专业化程度越来越高，其中的部分项目在行业内处于领先位置，例如神仙居景区的飞拉达、嘉兴的九龙山马球运动等，都是国内的首创。但是从项目的空间分布上，运动休闲项目主要集中于宁波和温州两地；从项目依托资源来看，主要集中于内陆山地和水体，与其他地市区的运动休闲产业形成同质化竞争，海洋资源优势未得到有效挖掘；从项目的市场竞争力来看，绝大多数的运动旅游项目仍属于景区的点缀，仅有浙江九龙山省级旅游度假区、宁波宁海第一尖 · 雪山欢乐谷等少数几个运动休闲旅游综合体。

表 1-20　滨海五市省级运动休闲旅游基地 / 项目列表

年度	地市	数量	项目	所属单位
2013	宁波	2	第九洞天大穿越	宁波丹山赤水旅游发展有限公司
			宁波（鄞州）网球中心	宁波惠风体育发展有限公司
	温州	3	凯易路马术俱乐部	浙江凯易路马术有限公司
			苍南县玉龙湖水上乐园	温州玉龙湖生态农业开发有限公司
			东方仰义乡村俱乐部	温州东方仰义乡村俱乐部有限公司
2013~2015	宁波	3	九龙湖登山健身步道	宁波市九龙湖度假村有限公司
			山地自行车	雅戈尔达蓬山旅游投资开发有限公司
			马术	宁波市新正马术俱乐部有限公司
	温州	3	皮艇漂流	温州泽雅大峡谷漂流服务有限公司
			房车露营	永嘉旅游投资集团有限公司
			水上漂流	永嘉楠溪江石马旅游开发有限公司
	嘉兴	1	竞技运动	桐乡市畅想园农业开发有限公司
	台州	2	山地滑雪	临海江南大峡谷旅游发展有限公司
			滑泥（蛇蟠岛）	浙江蛇蟠岛旅游开发有限公司
	舟山	1	荒岛求生	舟山市新星青少年体育俱乐部
2015~2016	宁波	2	攀岩	宁波它山拓展运动有限公司
			定向运动（前童古镇）	宁波前童古镇旅游发展有限公司
	温州	4	登山（楠溪江百丈瀑）	永嘉大若岩老兵运动休闲有限公司
			峡谷穿越（文成九溪）	浙江阳锦旅游开发有限公司
			森林滑道	乐清市雁荡净名谷运动休闲旅游开发有限公司
			露营（洞头鹿西三坪）	温州市洞头区鹿西乡人民政府
	嘉兴	1	高尔夫	海宁尖山高尔夫俱乐部有限公司
	台州	2	徒步（永安溪绿道）	仙居县永安绿道旅游开发有限公司
			水上摩托（蓝波湾）	台州蓝波湾旅游开发有限公司

续表

年度	地市	数量	项目	所属单位
2017	宁波	4	宁海第一尖·雪山欢乐谷（滑雪、空中溜索、漂流）	宁波辉煌投资发展有限公司
			徒步（宁波九龙湖）	宁波市镇海九龙湖旅游度假区管委会
			马术（浙江马汇·马术国际庄园）	浙江马汇文化投资发展有限公司
			山地自行车（慈溪达蓬山）	宁波雅戈尔达蓬山旅游投资开发有限公司
	温州	5	水上乐园（江心西园水上世界）	温州江心西园开发有限公司
			峡谷拓展（雁荡筋竹涧体验园）	乐清市筋溪运动休闲旅游开发有限公司
			竹筏漂流(永嘉小楠溪香樟花园）	永嘉县楠溪江石马旅游开发有限公司
			室内滑雪（文成天鹅堡滑雪场）	文成县天鹅堡滑雪场有限公司
			登山（泰顺乌岩岭景区）	泰顺县森林生态旅游开发有限公司
	舟山	1	普陀国际游艇会景区(游艇、海钓、骑行）	舟山群岛新区阿尔法游艇文化旅游股份有限公司
	嘉兴	1	房车露营（芳草青青房车营地）	海宁盐官古城开元度假酒店有限公司
			船拳（南湖船拳传承基地）	嘉兴南湖中国式斗牛发展有限公司
			竞技垂钓（桐乡畅想园竞技塘）	桐乡市畅想园农业开发有限公司
	台州	4	滑翔伞（安基山滑翔伞基地）	临海市白水洋镇人民政府
			滑泥（台州蛇蟠岛）	浙江蛇潘岛旅游开发有限公司
			瑜伽（台州远古户外）	台州远古体育文化有限公司
			飞拉达（神仙居景区）	浙江神仙居旅游集团有限公司
合计		39		

（7）省级休闲渔业精品基地

休闲渔业是现代渔业的五大产业之一，是推进渔业转方式调结构的重要手段和供给侧结构性改革的重点领域，浙江省休闲渔业精品基地是浙江省海洋与旅游局、浙江省旅游局联合打造、创建和认定的渔业休闲品牌。根据浙江省海洋与渔业局、浙江省旅游局公布的官方数据显示：2014~2017 年，经两局联合认定的省级休闲渔业精品基地共有 29 家，其中，滨海五市拥有 13 家，约占总量的 45%，渔业优势尚未完全显现出来，并且受制于传统渔业发展思路影响，除宁波和台州两地以外，其他地方未有太多起色。随着全域旅游的纵深推进，未来的滨海五市休闲渔业产业有望得到明显提升，传统的优势地区，例如台州和宁波等地会得到进一步加强；而乐清、洞头等地渔业资源丰富，旅游业发展基础也较好，有望快速实现零的突破，并实现后来赶超（表 1–21）。

表 1–21　滨海五市省级休闲渔业精品基地

<table>
<tr><th>年份</th><th>地市</th><th>数量</th><th>名称</th><th>滨海县（区、市）</th></tr>
<tr><td rowspan="4">2014</td><td rowspan="2">宁波</td><td rowspan="2">2</td><td>余姚市青港渔绿园渔庄</td><td>余姚</td></tr>
<tr><td>余姚市牟山湖华馨园休闲农庄有限公司</td><td>余姚</td></tr>
<tr><td rowspan="2">舟山</td><td rowspan="2">2</td><td>岱山县衢山凉峙渔家乐休闲旅游服务有限公司</td><td>岱山</td></tr>
<tr><td>嵊泗县石柱渔家乐</td><td>嵊泗</td></tr>
<tr><td rowspan="4">2015</td><td rowspan="2">宁波</td><td rowspan="2">2</td><td>余姚市牟山湖水上人家农庄</td><td>余姚</td></tr>
<tr><td>宁海县百年梅花山庄</td><td>宁海</td></tr>
<tr><td rowspan="2">台州</td><td rowspan="2">2</td><td>玉环县大鹿岛休闲基地</td><td>玉环</td></tr>
<tr><td>玉环县江岩渔村</td><td>玉环</td></tr>
<tr><td>2016</td><td>嘉兴</td><td>1</td><td>浙江运河湾农业科技有限公司</td><td>—</td></tr>
<tr><td rowspan="4">2017</td><td>温州</td><td>1</td><td>浙江新旺海洋生物科技有限公司</td><td>苍南</td></tr>
<tr><td rowspan="3">台州</td><td rowspan="3">3</td><td>台州市椒江葫芦岙农家乐</td><td>椒江</td></tr>
<tr><td>玉环裸心海投资开发有限公司</td><td>玉环</td></tr>
<tr><td>仙居县仙神休闲渔庄有限公司</td><td>—</td></tr>
<tr><td>合计</td><td></td><td>13</td><td></td><td></td></tr>
</table>

（三）旅游投资

1. 投资规模

2017 年，浙江省滨海五市的旅游项目总量达到 943 个，总投资 6206.45 亿元，其中投资亿元的项目占 91.62%，超过亿元投资项目 466 项，超过 5 亿元投资项目 229 项，超过 10 亿元投资项目 138 项，超过 50 亿元投资项目 23 项，超过 100 亿元投资项目 8 项。

2. 投资结构

从 2017 年度完成投资数据分析，浙江省滨海五市在投资主体方面，主要为企业投资，占总投资的73.21%，其中民营企业投资比例最高，占总投资的39.62%，国有企业也占相当高比例，占总投资的29.61%。浙江省滨海五市的政府投资比例也相对较高，占总投资的26.09%。相对而言，外资相对较少，只占总投资的0.7%。就投资方向而言，投资于景区的比例最高，占总投资的43.31%，旅游基础设施其次，占总投资的15.43%，旅游购物场所与旅游饭店也是投资一大重点，分别占总投资的8.96%和8.82%。另外，2017年，浙江省滨海五市也加大了对旅游演出项目的投资，占总投资的1.32%。

二、2017年浙江省海洋旅游工作重点

2017年，浙江省滨海五市紧紧围绕“诗画浙江”中国最佳旅游目的地的建设目标，全面贯彻落实“全国全域旅游示范省”“大花园”建设行动纲要和省域“大景区”等战略规划，扎实推进各项工作任务，取得了显著成果。

（一）有序落实旅游发展战略，优化旅游发展环境

滨海五市坚持上级政府宏观战略引导，主动响应“一带一路”国家倡议，精心组织并成功举办第五届“国际海岛旅游大会”“中国—中东欧国家投资贸易博览会”海峡两岸（温州）民营经济创新发展论坛和13个产业对接会等，加强与沿线国家和地区的旅游合作，深化国际文化交流。全面落实“全国全域旅游示范省”“大花园”建设行动纲要和省域“大景区”等战略规划，有序推进“全域旅游示范区/县”、万村景区化、旅游风情小镇等项目创建和实施工作；继续推进舟山群岛海洋旅游综合改革试验区建设，继续旅游供给侧结构性改革、旅游厕所改革等改革行动。

全面贯彻落实《浙江省旅游业发展“十三五”规划》，充分利用全省旅游业“东扩”的发展机遇，依托浙江海洋经济发展示范区和舟山群岛新区等国家战略，不断完善海陆交通和岛际交通，培育高端旅游产品和新型旅游业态，打造“海上浙江”。

（二）持续深化旅游综合改革，开展旅游改革试点

2017年，滨海五市积极面对经济新常态带领的新挑战和新机遇，面对社会主要矛盾的深刻变化，始终以改革创新为主线，以国家和省市改革试点为抓手，推动“旅游管理体制机制、旅游服务标准、旅游产业用地、旅游保险”等方面的“先试先行”，为全省乃至全国的海洋旅游发展起到模范引领作用。

1. 深化旅游管理体制改革，完善现代旅游治理体系

以建立和完善“1+3+N”综合管理体系为目标，着力破解管理体制机制和经营管理不畅通问题，加快推进行业管理向统筹协调方向转变。

截至 2017 年年底，滨海五市的重点旅游城市和县市区已基本完成旅游领导体制改革。其中，舟山、嘉兴和宁波三地已经完成了市级旅游部门的改制，成立了旅游管理委员会，强化对旅游业的统筹协调作用；象山、宁海、普陀、嵊泗、海宁等 11 个滨海旅游发达的县（市、区）完成了县级层面改制；除此以外，舟山等地还在重点旅游乡镇设立旅游办，加大基层旅游组织的统筹发展力量。

2016~2017 年，滨海五市尝试开展了旅游警察、旅游法庭和旅游工商“三位一体”综合执法体系建设，积极探索多元化旅游纠纷解决机制的构建。其中，舟山市推出了省内首支海岛旅游警察专业队伍并成立旅游警察示范岗和海上旅游警察巡逻队，对海域和陆地进行专业化、规范化和常态化管理；成立旅游巡回法庭，推动旅游纠纷“就地解决”，探索“旅游 + 司法”的纠结解决新模式。宁波市以“宁波市人民调解委员会规范化建设示范点”建设为契机，筹建了宁波市旅游纠纷人民调解委员会，通过广泛布局旅游巡回法庭、引入职业律师参与人民调解、创建全国首家旅游纠纷理赔中心等措施，构建“人民调解 + 行政调解 + 司法调解 + 保险理赔”的多元化、一站式旅游纠纷调解工作机制。与此相类似，温州市也在积极构建旅游纠纷人民调解工作机制，并在此基础上针对涉死、涉重伤等矛盾尖锐、易激化的重大旅游纠纷案件，在各街镇搭建重大旅游纠纷调解平台，探索和完善“部门 + 街道”联合调解机制。

2017 年，滨海五市联合杭州等地成立了浙江省旅游联合会海洋旅游分会，围绕海洋旅游产业链建设，吸收了包括海洋旅游科研院所、大专院校、旅游规划单位、海洋旅游开发企业、海洋旅游社团、主营海洋旅游的旅行社、海洋旅游特色酒店等海洋旅游方面研究、规划、开发、经营等单位 83 家。海洋旅游分会的建设将成为推动全省海洋旅游业发展的一个重要平台，将极大地推动全省海洋旅游的规范化、优质化、跨越式发展。

2. 加强旅游标准化建设，积极完善海洋旅游标准体系

旅游标准化已经成为提高旅游产品和服务质量、规范旅游市场秩序、强化行业监督管理、推动新常态下旅游业改革创新和转型升级的重要技术支撑，是实现旅游业优质发展和国际化的制度保障。推动海洋旅游标准化建设已经成为滨海五市当前乃至今后一段时间内的工作重点，在此背景下，嘉兴、舟山等地先后成立了旅游标

准化技术委员会 / 工作领导小组，并推出了一系列具有海洋旅游特色的地方标准。据统计，截至 2017 年年底，滨海五市共有地方标准 19 项，其中 2016~2017 年新增 10 项，这些标准涉及旅游管理、旅游消费和旅游服务的各个方面，极大地促进了海洋旅游业相关领域的发展（表 1–22）。

表 1–22　滨海五市地方旅游标准统计数据表

地名	标准名称	编号 / 颁布年份
宁波市	宁波市旅游景区（点）服务规范	DB3302/T 1048—2012
	农家乐休闲旅游特色区块评价体系	DB3302/T 1053—2013
	旅游企业投诉处理规范	DB3302/T 1063—2014
	专项休闲旅游基地评定规范	DB3302/T 1067—2015
	宁波市休闲旅游基地评定规则	DB3302/T 1041—2011（2015）
	农家乐休闲旅游特色村（点）建设与服务规范	DB3302/T 1046—2016
	旅游咨询服务中心（点）设置与服务规范	DB3302/T 1068—2016
	乡村旅游服务人员规范	DB3302/T 1091—2017
	旅游市场监督检查规范（试行）	2017
	旅游行政约谈规范（试行）	2017
	旅游行政执法档案管理规范（试行）	2017
舟山市	渔家乐旅游服务质量规范	2008
	大众海钓管理规范	2008
温州市	景区智慧旅游服务规范	DB3303/T 60—2016
	渔家乐民宿	DB330305/T 13—2016
	渔家乐民宿质量等级评定与管理要求	DB330305/T 14—2016
	餐饮食品安全服务规范	DB330328/T 34—2016
	温州市旅行社国内旅游服务质量要求	2012
	温州市旅行社出境旅游服务质量要求	2012

备注：数据来源于网络收集。

3. 拓展旅游发展空间，开展陆地和海洋改革试点

一是积极开展旅游产业用地改革，利用浙江省“坡地村镇”建设用地试点政

策，有序推进楠溪小镇、洋沙山度假区酒店等试点项目，开展“点状供地”试点，并以象山县为代表，出台了《关于进一步规范我县旅游用地规划管理的通知》和《象山县旅游用地专项保障办法（试行）》等政策，探索旅游差别化供地，规范旅游产业用地。积极落实海域使用权不动产权证制度，以“梦幻海湾”等项目为试点，探索海域使用权证“一证到底”审批新模式。二是积极开展历史建筑的保护和利用，大力推广黄埠村的古建筑抢救性修缮保护经验，并以宁波市成功入选国家级历史建筑保护利用试点城市为契机，探讨建立历史建筑保护利用新路径、新模式和新机制。三是继续深入开展智慧旅游试点，重点实施智慧旅游整体引导推进工作，并顺利完成温州市智慧旅游示范试点项目的省级验收。

4. 创新发展旅游保险，完善旅游风险社会保障体系

2016~2017 年，宁波市积极开展旅游保险领域的创新实验，建立了全国首家旅游纠纷理赔中心，方便游客得到保险赔偿；率先在象山推出了首个全域旅游综合保险项目，即由象山县旅委出面投保并签订全域旅游综合保险协议，为每个来象山旅游的游客购买一份旅游意外保险保障，使游客直接获得保险公司提供的风险保障，从而降低游客安全风险。这标识着滨海地区在全域旅游保险创新方面走在了全国前列，为构建和完善旅游社会风险保障体系迈出了扎实一步。

（三）推进全域旅游项目建设，推动旅游产业转型提升

1. 以项目建设为引擎，加强旅游新旧动能转换

2017 年，滨海五市在建旅游项目 943 个，总投资达到 6206.45 亿元，已完成旅游项目建设投资 2743.27 亿元，并完成旅游招商引资 682.4 亿元。一是积极推进重大项目落地实施，利用大项目带动区域旅游发展。重点推进海盐山水六旗国际旅游度假区、温州国际邮轮码头等省级重点旅游项目建设；积极推进欢乐海洋大世界主题乐园、洞头耕海牧渔——海岛渔俗文化体验地项目、泰顺·华东大峡谷国际旅游度假区等新项目的签约和落地。二是积极推动传统优质景区的提质升级，加强传统景区的体验提升。积极推进文成刘伯温故里创 5A 级景区和嘉兴九龙山景区、嘉兴东方地中海景区、温州仙岩景区等景区创 4A 级景区工作，以景区创建为契机带动基础设施建设和旅游配套设施完善。三是大力推进旅游类特色小镇、A 级村落景区、旅游风情小镇等新兴景区的建设。围绕特色小镇的创建要求，加快推进杭州湾新区滨海欢乐假期小镇、文成森林氧吧、仙居神仙氧吧小镇等旅游类小镇的工程建设；围绕新型景区的相关验收标准，开展 A 级村落景区、旅游风情小镇等的创建。四是筑巢引凤，继续加大招商引资力度。2017 年，滨海五市加大招商引资力度，通过举

办“上海·台州周”“2017·宁波旅游投资（上海）推介会”等专场招商会议扩大招商成果，并充分利用国际海岛旅游大会、中东欧国家旅游合作交流会等国际平台开展全球招商，取得了显著成果。例如，舟山市利用国际海岛旅游大会成功签约旅游项目15个，投资总金额达到520多亿元。

2. 坚持产业融合发展，不断丰富旅游要素供给

一是推进旅游与城镇化、工业和商贸融合，大力发展乡村旅游、工业旅游、购物旅游和商务会议会展等旅游产品，成功创建省级工业旅游示范基地7家、3A级村落景区96家、省级休闲旅游示范村46家、省级慢生活休闲旅游示范村7家，并有49个省级旅游风情小镇进入培育名单，成功举办第五届国际海岛旅游大会、中国—中东欧国家投资贸易博览会、中国（象山）长三角滨海旅游创新发展峰会等国际会议会展，极大地促进了相关领域的发展。二是推进旅游与农业、林业、海洋融合，积极开展田园综合体、森林公园、湿地公园、全国（精品）休闲渔业示范基地等项目的建设。2017年，滨海地区成功创建省级森林小镇4家、省级森林人家8家、省级果蔬采摘旅游示范基地34家、省级休闲渔业精品基地4家，并有永嘉、三门等4个单位入选省级田园综合体培育名单。三是推进旅游与教育、文化、卫生和体育融合，积极发展研学旅游、养生养老、康体休闲、体育运动等产品。2017年，滨海地区成功创建省级中医药文化旅游示范基地6家、省级老年养老旅游示范基地6家、省级运动休闲旅游示范基地2家、省级运动休闲旅游精品线路1条、省级运动休闲旅游优秀项目15项。不仅如此，滨海地区的运动休闲呈现多元化、大众化、专业化发展趋势，例如九龙山马会俱乐部、九龙山国际自行车公园、普陀国际游艇会景区等在行业内具有较高的知名度和美誉度，引领行业发展。四是推进旅游与交通、环保、国土等领域的融合，紧密围绕散客化、全域化的旅游需求，加快营地建设和旅交产品研发。2017年，滨海地区成功推出了温州邮轮母港项目并完成首航，形成温州、舟山南北互动的格局；成功创建“长三角房车旅游标准化房车示范营地”2家；成功推动宁海通用机场获批A1类通用机场等；成功推出以“诗画江南”为主题的“高铁＋旅游”产品线路；大力推进共享单车，试水共享汽车等。通过旅游产业融合，不断丰富旅游要素供给。

3. 深入挖掘资源价值，拓展海洋旅游发展空间

近些年来，旅游者的旅游需求发生了深刻变化，推动了旅游市场对资源价值的重新认识和深度挖掘，从而创制出一系列旅游新产品，极大地拓展了海洋旅游发展空间。一是深挖“海洋文化”，打造大型IP主题公园，包括山水六旗、欢乐海洋大

世界主题乐园、洞头耕海牧渔——海岛渔俗文化体验地项目等，加强对滩涂、岛屿的利用。二是借助美丽乡村、美丽渔村、五水共治、退二进三、小城镇环境综合整治等政策，多措并举，梳理出一批以旅游为特色的农村、小城镇等，扩大旅游发展空间。三是利用结合港口码头、邮轮母港建设，推出一批远洋旅游项目，推动海洋旅游从浅滩驶向深海。四是通过项目提升，例如文成森林氧吧等，推动旅游与相关产业融合，提升旅游发展潜力，扩大旅游发展空间。

（四）不断提高旅游公共服务品质，稳步增强支撑能力

2017 年，滨海五市继续推进旅游交通建设，不断完善公共服务设施，大力推进旅游厕所革命，不断完善高品质、人性化的旅游公共服务体系，进一步提升旅游公共服务水平。

1. 加快构建畅通便捷的旅游交通网络

2017 年，滨海地区继续完善旅游交通网络建设，积极构建水陆空多元立体、互联互通、绿色智能的现代化旅游综合交通体系。一是围绕浙江省“一核两枢六连”建设目标，加快温州、宁波两大骨干机场建设，顺利实施宁波栎社国际机场三期扩建工程、温州机场扩建工程，有序推进舟山普陀山机场的各项升格准备，加强航线网络建设，完善各种交通方式的互联互通；围绕浙江省 1 小时空中交通圈建设目标，加速通用机场的空间布局和项目建设，重点完成宁海通用机场（一期）项目建设，有序推进文成通用机场、台州无人机机场的前期准备工作。二是加快完善高速公路网络，加强陆岛的公路连接。重点推进杭甬高速公路复线、甬台温高速公路、杭州湾跨海大桥等高速公路与其他高速公路和地区的连接；重点实施了宁波舟山港六横公路大桥工程、乐清湾大桥及连接工程、三门湾大桥及连接工程、台州湾大桥及连接工程等工程建设，加强岛路之间的公路快速联系，提升海岛的可进入性。三是实施跨地区的高速铁路建设，包括杭绍台铁路工程、杭温铁路一期工程、杭州至海宁城际铁路工程等，加快城际间铁路联系，积极构建全省 1 小时旅游生活圈。四是加强旅游码头建设，实施了舟山市普陀区东港客运码头项目建设，成功打造并实现温州国际邮轮码头正式运营，从而大幅提升海上旅游的市场竞争力，提升了浙南地区居民邮轮旅游的便利性。

2. 加强旅游公共服务体系建设

一是完善旅游咨询服务体系。2017 年，滨海五市及各滨海县（市、区）积极推进全域化旅游咨询服务体系建设。其中，宁波和舟山两地注重顶层设计和统筹安排。宁波市专门出台了《宁波市旅游公共服务体系规划》《宁波市旅游咨询服务中心机构组织与管理暂行办法》和《宁波市旅游咨询服务中心服务标准（修订版）》等标准，并按照标准验收游客咨询服务中心21家。舟山市启动了全域旅游咨询体系建设项目，力求打造旅游形象门户中心（A类）、交通集散中心（B类）、景区游客中心（C类）、社会宣传网点（D类）、市外旅游形象店（E类）为基础的“五位一体”旅游咨询服务网络。截至目前，全市已建成三江码头客运中心、新城公交总站等41个实体旅游咨询服务点，并开通了“舟山群岛旅游集散官方网站”“舟山旅游集散中心”微信公众号和天猫商城“舟山群岛旅游专营店”等，基本建成现场、网络、热线“线上线下”顺畅对接的旅游咨询服务体系。温州、嘉兴和台州等地围绕重大项目投资建设和景区创建完善相应旅游咨询服务配套。其中，台州市天台山旅游休闲集聚区集散中心建设项目（一期）已经顺利结顶并进入室内装修阶段；乐清市雁荡山风景名胜区大型旅游文化交通集散中心、文成县百丈漈景区旅游配套设施建设工程——百丈漈景区游客服务中心建设、舟山群岛咨询服务中心（双桥）建设等项目均已完成招投标工作，并有序推进项目施工建设；作为山水六旗公共服务配套的海盐旅游集散中心项目、九龙山省级旅游度假区的游客集散中心项目均已出炉，明确了建设方案、建设用地、投资金额等详细指标。二是完善旅游标识系统。滨海五市参照国家、地方和行业相关标准，继续完善各自辖区内高速公路和旅游干线公路的旅游交通标识，力求通过依托全域旅游标识系统脉络，能够赋予全域空间以旅游功能，促进区域城乡空间的整体升值；加强和完善旅游集散地、A级景区、乡村旅游区/点、特色小镇等涉旅场所的旅游标识系统建设。三是全力推进旅游厕所改革。截至2017年年底，浙江省滨海五市已经超额完成旅游厕所3年行动计划，累计完成新改造旅游厕所2384家，而2017年改造旅游厕所最多，达779家；并涌现出“长和驿站”“五谷轮回”等优秀代表，大幅提升旅游厕所人性化、优质化水平。

3. 全面推进智慧旅游服务体系建设

旅游信息化建设是实现全域旅游、智慧旅游的重要技术支撑，成为近些年来各地旅游基础设施建设的重点和亮点。2017年，滨海五市在“智慧旅游综合服务平台”建设上取得了重大突破，温州智慧旅游示范试点项目顺利通过省级验收，《嘉兴全域旅游智慧地图》和宁海旅游大数据中心建成并投入使用，宁波市启动旅行社电子合同试点等，有效加强了智慧旅游便捷服务、智慧旅游监督管理、智慧旅游优质体验等目标，对于全省乃至全国的智慧旅游建设起到了良好的示范效应。不仅如此，滨海五市还积极推进“智慧景区”建设，充分利用人工智能、虚拟现实以及各种黑科技，增强旅游体验。例如宁波市在景区内推广 Mapgo 智能地图自取终端，引导游客扫描二维码获取景区地图，解决游客在游览过程中的需求，又将游客与景区的线下连接成功转移至线上，让游客在手机上了解最新的旅游产品、有特色的餐饮、特色住宿、旅游线路以及旅游活动，实现了景区和游客更深层次的信息交互。

（五）不断巩固提升服务质量，打造放心旅游环境

1. 持续开展市场整顿，持续净化旅游环境

积极贯彻落实国家及省市旅游局组织开展的“春季行动”“暑期整顿”等旅游市场秩序综合整治行动，严厉打击不合理低价游、野导拉客、强迫消费、欺客宰客、违反合同约定等违法违规行为；加强景区外包项目监管，严格审查承包方的资质和能力，纳入景区统一管理，严禁以包代管；强化责任落实和整治实效，对各县（区、市）旅游市场监管、旅游执法、旅游安全工作开展组织明察暗访和工作督查；加强突发事件应急处置，畅通旅游投诉渠道，落实节假日应急值守制度，强化涉旅舆情监测和处置等，持续净化旅游消费环境。

2. 强化旅游诚信建设，打造放心消费景区

积极倡导企业文明诚信经营，推广落实旅游企业及从业人员文明诚信经营公开承诺制，出台各类旅游经营服务不良信息管理办法，通过旅游“黑名单”并提高失信成本等举措，引导旅游经营者和从业人员自觉遵守法律规定与市场规则，促进旅游业持续、健康、稳定发展。

积极贯彻落实《浙江省人民政府办公厅关于全面实施“放心消费在浙江”行动的意见》（浙政办发〔2017〕21号）指导意见，根据《浙江省放心消费示范单位建设评估管理办法》成功创建“放心消费景区”70家，基本实现高等级景区的全覆盖。

3. 继续简化行政手续，提高行政服务效率

滨海五市围绕“将旅游业培育成为人民群众更加满意的现代服务业”的工作目标，不断加强旅游行业行政服务品质化建设。全力推进“最多跑一次”改革，认真梳理旅游部门“最多跑一次”改革事项并简化审批方式，优化审批流程，对旅行社许可证核发、质保金减半办理等事项实施“零跑腿”，推行电子导游证换发，全面做好旅行社分支机构备案“多证合一”工作。全年审批新设立214家旅行社，办理旅行社变更或注销15家，导游变更、转出等服务事项10446人次。

开展旅行社电子合同试点工作，加强政府部门对旅行社网络化、信息化监管水平。

（六）继续巩固生态环境建设，持续优化景观环境

2017年，滨海五市以深化供给侧结构性改革为主线，坚决贯彻执行省委、省政府一系列决策部署，重点开展了以下几个方面的工作。

1. 全面构建和完善“滩长制”工作机制

2017年，滨海五市根据《关于在全省沿海实施“滩长制”的若干意见》，在滨海各县市全面推广“滩长制”工作机制，将其作为“河长制”在海滩生态环境监管方面的延伸。通过建立健全滩长巡查与相关主管部门日常监督检查的互动机制，落实违禁网具和海洋环境污染整治属地责任，充分发挥“滩长制”的监督、管理和保护作用。

2. 持续深化海洋资源综合管理

一是严格执行国家《海岸线保护与利用管理办法》，启动“美丽黄金海岸线”整治修复，实施浙江省海岸线整治修复三年行动方案，全面落实海洋功能区制度、围填海计划指标管控制度，探索建立围填海计划指标差别化管理等。二是以滨海县（市、区）为单位，全面启动省级海洋生态建设示范区创建工作。截至目前，台州椒江区、温州龙湾区等地均已通过《创建实施方案》评审，进入创建实施阶段。三是成功创建温州洞头海域和椒江海域两个国家级海洋牧场示范区，通过创建工作推动地方海洋渔业资源与生态环境保护。

3. 开展国家级海域综合管理试点

2017年，温州市积极开展国家海域综合管理试点并获得国家海洋局批准，成为全国首个海域综合管理创新试点城市。根据《温州国家海域综合管理创新试点实施方案》，温州市将在建设市级海洋经济运行监测与评估体系、探索产城融合发展的海洋资源利用新模式、全面开展海洋环境在线监测、加强海域资源资产管理等方面先行先试，推动温州市海洋生态环境进一步改善，海域综合管理创新发展。

（七）深入开展旅游市场营销，扩大海洋旅游品牌

2017年，滨海五市继续按照“政府搭台、企业参与、市场化运作”原则，以重大活动为抓手，创新市场营销模式，开展国内、国际旅游营销，不断扩大浙江省海洋旅游品牌知名度。

1. 多种形式开展重点区域营销

一是开展重点旅游市场推介活动。深耕长三角核心市场，细分客源，开展疗休养、老年养老等主题的现场推介会；加强中远程客源市场开拓，特别是加强西

南、华南、东北等新兴客源市场的培育，精选宣传骨干到各重点城市进行宣传推广。二是精心组织参与各类旅游营销活动或展会，包括第九届中国（义乌）国际旅游商品博览会、厦门海峡两岸旅游博览会、国际海岛旅游博览会、2017 杭州世界休闲博览会等国内外知名展会，精心设计展会主题，精选展会内容。三是积极响应浙江省旅游局策划的各种宣传活动，包括“诗画浙江”高铁旅游嘉年华、“诗画浙江 · 镇里风情”等，精心策划各类主题产品。四是开展互联网营销。不断完善集合旅游营销、旅游服务等功能的智慧旅游服务平台，打造各类旅游门户网站；加强与途牛、携程等国内外在线旅游平台合作，进行网络推广；加强微信公众号和微博等平台建设，开展自媒体营销。五是积极开展旅游促销惠民活动，开展舟山—温州、舟山—宁波的城市互动互惠旅游，推广各类旅游一卡通等活动。

2. 借助高端平台开展国际营销

一是通过国际会议品牌进行市场推广，通过举办中国（宁波）—中东欧国家旅游合作交流会、第五届国际海岛旅游大会等高水平国际会议提升市场知名度。二是探索国际客源市场联合营销，宁波、舟山和台州等地首次以联合组团的形式，以“海浙边，若比邻”为主题，在中国香港和中国澳门开展旅游市场推广。三是开展广告投入和自媒体营销，以宁波为先锋，在欧洲体育台，BBC 国际新闻台等国际主流媒体进行广告投入。实施海外全媒体营销计划，全面登录 Twitter、Brainly 等国际全媒体平台，引领海外互联网平台营销新潮流。借助“国际网红”实施国际社交推广营销等。

3. 提升旅游品牌国际化程度

2017 年，宁波市启动了为期 3 个月的“海外全媒体露出运营计划”，围绕“宁波遇见另一个自己”这一主题，联合海外 90 多个主流媒体网站和国际知名杂志、Brainly 和 Answers 等知名海外问答平台、Travel Blog 和 Lonely Planet 等国际游记分享平台、Twitter 等国际知名社交平台等平台，进行全方位广告投放，展现极具宁波特色的佛教文化、海洋文化、宁波民俗文化、宁波城市文化、宁波美食文化等。温州市启动了“温州城市国际形象推广工程”，通过与国字号媒体、省级媒体、新媒体、海外华人媒体等多方联动，邀请国外媒体深入走访温州各地，通过所见所闻，向全国乃至全世界宣传温州形象和温州精神。舟山市继续加码国际海岛旅游大会，通过成功举办第五届国际海岛旅游大会推动舟山旅游品牌的推广。嘉兴市则启动了“嘉兴旅游新品牌体系建设”项目，策划了“心游嘉兴”的旅游品牌，并策划了“不忘初心”“水乡走心”“滨海随心”三大主题旅游线路，开启了嘉兴市全域旅游品牌的升级工程。

（八）纵深推进区域旅游合作，扩大国际交流合作

1. 纵深推进区域旅游合作

2017年，滨海五市围绕长三角旅游一体化战略、浙江旅游“东扩”战略开展区域旅游合作：一是接轨上海，突出上海在区域旅游合作中的引领作用，强化双方在信息共享、客源互送、产品开发、交通连接等领域的合作，重点推进沪嘉杭科技大通道、杭州湾新区等在旅游方面的项目建设，全力打造高铁旅游嘉年华等产品。二是聚焦宁波，积极向外推介宁波都市圈旅游，加强甬舟一体化的旅游合作。三是继续推进浙东南旅游联合体建设，加强宁波、台州、温州、舟山之间的内部合作，实施地区间的旅游互惠政策，扩大互惠范围和互惠程度；打造区域精品旅游线路，共同开展旅游市场营销等。四是深化两岸旅游合作，加强两岸在健康养老产业、文创创业方面的对接，推出“两岸海上名山文化节”等活动。

2. 扩大国际合作，拓宽合作范围

一方面，滨海五市积极实施“引进来”战略，对接“一带一路”建设和“旅游国际化”发展目标，以第五届“国际海岛旅游大会”、第三届中国—中东欧国家投资贸易博览会以及海峡两岸观光博览会等重要国际会议举办为契机，主动邀请沿线国家和地区参与，推进中外旅游合作和交流，深化合作内容。另一方面，滨海地区实施“走出去”战略，主动到中国港澳台、欧洲等境外主要旅游客源地开展旅游推介活动。

三、浙江省海洋旅游发展态势

（一）整体态势：旅游经济量质齐生，稳中向好

2017年，浙江省海洋旅游经济总体上实现了量质齐升，呈现稳中向好的发展态势，优质化特征明显，主要表现在：

1. 旅游市场稳步增长

2017年，滨海五市共接待旅游者46521.3万人次，实现旅游总收入5832亿元，与2016年度相比，分别同比增长了17.03%、19.96%，实现了量质齐升（见图1–10）。

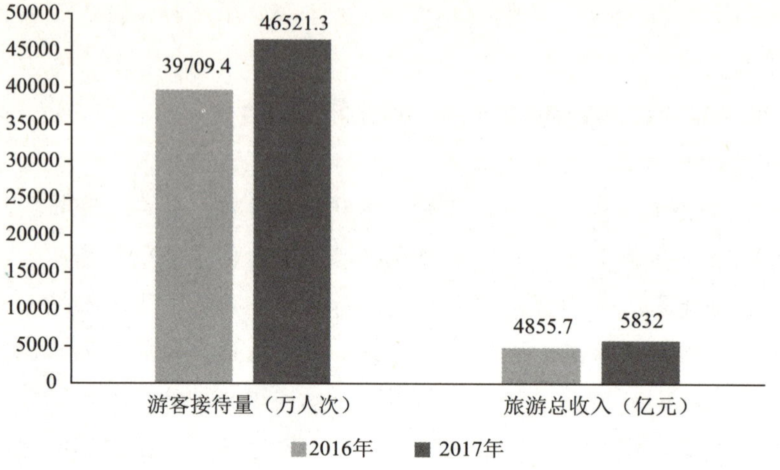

图 1–10　2016~2017 年浙江滨海五市接待游客总人数与总收入比较

（1）入境旅游市场保持持续增长态势

2017 年，全年共接待入境旅游者 463.49 万人次，同比增长 5.38%；其中接待外国人 283.31 万人次，同比增长 6.31%，整体呈现稳定增长态势；接待中国香港同胞 53.9 万人次，中国澳门同胞 21.81 万人次，中国台湾同胞 104.48 万人次，港澳市场反弹明显。

从总体上看，滨海五市入境旅游市场游客数增量明显，得益于以下两个方面：

一是"一带一路"战略带动国际商贸合作。以宁波和舟山为代表，通过频繁地举办大型会展，例如中国（宁波）—中东欧国家旅游合作交流会、舟山国际海岛旅游大会等，有效地带动了商务旅游市场发展。

二是境外市场营销起到了积极效果。在宁波的带动下，通过深耕中国（宁波）—中东欧国家旅游合作交流会、实施全球宣传计划等举措，大幅提升了滨海五市的国际知名度。同时滨海五市也在境外举办推介交流会、论坛、博览会等，取得了不错的市场效果。

（2）国内旅游市场供需两旺

2017 年，根据旅游大数据统计，滨海五市中的温州、宁波市上榜国内热门旅游目的地城市前 50 位。滨海五市全年共接待国内旅游者 463.49 万人次，同比增长 5.38%。长三角仍然是浙江省滨海五市国内旅游接待的主要客源地，浙江本省、江苏、上海游客占据客源地排行榜前三位。

滨海五市国内旅游市场的兴旺，得益于本地游客（包括一日游）接待数量的大幅上升（如宁波旅游节、旅游夜市等活动推出200余项旅游产品，景区优惠门票金额达376.7万元，吸引了本地人游宁波），也得益于其务实开展旅游市场营销，突出重点客源市场促销（如温州对沪、苏市场的重点推介，使1~11月沪、苏市场分别增长17.78%、11.61%）。另外，滨海五市特色的旅游节庆活动和持续推进的市场开发活动也促进了国内旅游市场的稳定增长。

2. 旅游景区接待增长幅度明显

2017年，滨海五市A级景区游客接待量达19931万人次，同比增长8.49%。其中2017年，台州A级景区游客接待量增长量最大，达到806万人次，同比增长达24.52%。

3. 旅游住宿业经营逐渐向好

2017年，滨海五市旅游住宿业经营逐渐向好。具体表现在2017年住宿单位平均客房出租率与平均房价这两项指标上的提升。整体而言，2017年滨海五市平均客房出租率为58.61%，同比增长达7.7%，平均房价为330.68元，同比增长达1.91%。其中，星级饭店这两项指标分别为55.32%，340.8元，同比增长分别为4.17%，1.94%。

4. 旅行社业务有升有降

2017年，滨海五市旅行社业务有升有降。2017年滨海五市旅行社组织与接待国内游客量分别达652.94万人次和700.89万人次，同比增长分别为1.58%与6.8%。而2017年滨海五市旅行社接待入境游客量下降，接待量22.93万人次，同比减少5.03%。

5. 旅游项目稳步推进

2017年，滨海五市在建旅游项目稳步推进，累计完成投资2743.27亿元，已达项目总投资的44.2%。本期实际完成投资达765.1亿元，超计划21.1亿元。

（二）行业态势：转型升级加快、供给侧改革效果平稳向上

1. 旅游住宿

2017年，滨海五市积极引导和鼓励现有饭店创建特色文化主题饭店；鼓励星级饭店评定，组织开展特色客栈标准培训和花级酒店标准修订，有序开展星级饭店和花级酒店评定复核，加快优化旅游住宿业结构。在高星级酒店方面，滨海五市新增19家五星级酒店，同比增长86.36%；46家四星级酒店，同比增长184%；93家三星级酒店，同比增长202.17%。在非星级酒店方面，2017年滨海五市新增23家白金、金宿级民宿，18家金鼎、银鼎特色文化主题酒店。这些新增的高等级民宿与特色文化主题酒店，使滨海五市的高等级住宿接待设施呈现多样化趋势。

2. 旅游景区

2017年，滨海五市坚持“创建、整治、提升”三并重方针，强化旅游景区精品化建设，旅游景区品质升级之势强劲。在高等级旅游景区方面，已经或近期将增加20家4A级以上景区。其中已评定的5A级景区1家，4A级景区6家，已通过景观质量评审的4A级景区13家。

3. 旅行社业

2017年，滨海五市积极推进旅行社品质化建设。推广品质旅行社等级评定工作，推进导游自由执业试点，出台鼓励政策。截至2017年，五星级旅行社已经达14家，四星级78家，三星级96家。

（三）旅游投资：着眼新型业态落地，推进旅游提质升级

近些年来，新兴旅游业态渐成投资热点。2017年，一批具有示范性、带动性和全局性的重点旅游项目正在加快推进，代表了滨海地区旅游产业的发展方向和发展前景。

1. 休闲旅游方向渐趋成熟，新兴业态项目日益增多

2017年，滨海五市共引进旅游项目943个，在建旅游项目772个，其中，相当部分投资于主题公园、体育旅游、文创教育、邮轮旅游、自助营地等代表休闲旅游发展的新业态项目，例如本期实际完成投资于旅游演艺的投资数就达10.1亿元，占项目本期实际完成投资的1.32%。另外，超百亿项目有8个，达到1690亿元，占项目总投资的0.93%，将成为未来旅游发展的重要支撑和引领。

2. 项目招商建设有序推进，存量项目升级步伐加快

2017年，滨海五市有序开展招商引资活动，有序推进存量旅游项目转型升级，推进原有景区景点改造升级，核心景区转型提质，实现传统项目的升级与新兴新型项目的建设并存。据统计，2017年滨海五市完成项目投资761.5亿元，完成招商引资682.4亿元，基本实现了旅游投资和招商引资年度任务；累计完成改扩建项目投资2743.27亿元，占项目总投资的44.2%，完成A级景区创建44家。

（四）全域旅游：试点引领，全面推进格局初步形成

截至2017年年底，滨海五市共有国家级全域旅游示范区11个，新增省级全域旅游示范区2个，陆域示范面积约为12140.92公顷，约占沿海地区陆地总面积的33.42%。

1. 全域旅游综合管理机制取得重大突破

滨海五市及各县（市、区）积极推进旅游管理体制改革，积极筹建全域旅游综合

管理机制。宁波、舟山、嘉兴等地的管理机制取得新的突破，各地形成党政统筹、部门联动的发展机制；全域旅游政策扶持力度大幅加大，温州、舟山等地纷纷成立旅游发展专项资金、旅游发展引导基金，设立旅游投融资平台公司等；保障机制取得了新突破，象山等创建单位还专门出台了旅游土地、规划、资金、人才等保障措施。

2. 初步形成了开放的“旅游+”格局

要素型产品不断提质升级。各地普遍加大了特色餐饮、主题酒店、旅游民宿、房车营地、休闲绿道、旅游风景道、必购商品、文化体验产品等的开发力度。园区型产品开发如火如荼。A级景区、旅游度假区、休闲区、主题乐园、旅游综合体、城市公园、大型实景演出和博物馆、文化馆、科技馆、规划馆、展览馆、纪念馆、动植物园等纷纷成为创建单位产品开发的新选择。目的地产品日益丰富，美丽乡村、旅游小镇、文化街区、宜游名城建设加速推进。

3. 全域公共服务体系基本形成

滨海五市全面贯彻旅游供给侧结构性改革，实施了旅游行政“最多跑一次”改革，借助电子商务实施旅行社行业的“零跑腿”；实施了旅游厕所改革的克难攻坚，基本完成了旅游厕所改革目标；部分市区率先启动了全域化的旅游标识系统、旅游集散咨询系统等提升改造工程；开展了旅游市场专项整顿。此外，各地建立旅游政务网、旅游大数据库、动态监控系统、移动旅游App等，智慧旅游建设取得明显进展。综合环境整治力度加大，实现全域旅游发展成果共建共享。

（五）智慧旅游：科技应用大幅增加，共享经济全面渗透

1. 智慧旅游技术普及，黑科技受到市场追捧

近些年来，智慧旅游技术和产品不断涌现，一系列智慧旅游建设技术、游客信息终端技术、虚拟旅游技术等科技、创意产品被广泛采用，逐步完善智慧旅游基础设施和应用平台建设，完成对传统产业的智慧化改造和提升，涌现出了《嘉兴全域旅游智慧地图》、温州旅游综合信息服务平台等一批集合旅游服务、旅游管理、旅游营销、旅游行政办公、市场监管、产业监测为一体的成熟智慧旅游体验服务产品，电子支付、电子地图导航等已经成为景区“标配”，可穿戴设备、VR虚拟游、AR景区游戏等技术和产品得到普及，刷脸进站进景区、Google Earth VR、智慧厕所等一批新科技得到市场追捧。

2. 共享经济全面渗透

2017年，共享经济得到蓬勃发展，共享旅游产品已经渗透旅游各个方面。共享单车、共享雨伞、共享充电器等成为滨海旅游城市及景区景点的基础配置；共享汽

车、共享充电桩、共享客房等共享产品得到试点推广，共享产品已经成为年青一代旅游者出游的重要选择。

（六）旅游品牌：国际影响强势推进，营销手段引领潮流

1. 品牌战略快速推进，国际影响迅速提升

2016~2017 年，滨海五市继续加强核心旅游市场营销，并加快开启国际旅游市场营销，强势推进滨海旅游的国际影响力。宁波市全面提升海外全媒体商业运营计划，启动目的地推广营销平台；舟山国际海岛旅游大会现已成为浙江省乃至全国海洋旅游的一大盛事；嘉兴市全力启动“嘉兴旅游新品牌体系建设”、温州市开启城市国际形象推广工程等，品牌战略快速推进，品牌定位逐渐细分，品牌国际影响力迅速提升。

2. 以宁波为代表引领海外互联网平台营销

2017 年，滨海五市继续通过多种渠道、手段和工具进行旅游市场营销，并以宁波市的海外全媒体商业运营计划为代表，引领全省的海外互联网平台营销。该计划除了借助传统的国际知名媒体开展营销以外，还充分结合时代信息传播特色，借助国际知名的网络名人、国际问答平台、国际游记分享平台等进行社交营销，全面升级现有的营销方式和手段，取得了良好效果。

四、浙江省海洋旅游发展存在的主要问题

（一）产品结构有待优化，产品质量有待提升

当前，浙江省的现代化海洋旅游正在崛起，海洋旅游产品正在从传统海洋观光休闲产品为主向综合型旅游产品过渡，但尚未形成规模效应；一些专业化、综合化、现代化的旅游新产品、新要素的投入开发也呈点状发展，项目多处于投资建设阶段，尚未形成全面带动关系。总体而言，浙江省的海洋旅游现代化之路还有待继续提升，深海旅游度假产品、专业化康体疗养产品、专业化的时尚运动产品、经典民俗演绎节庆产品、中高端商务会议会展、主题化研学教育科普产品等仍显单薄，市场竞争力不足。

（二）基础设施待完善，国际化配套需加强

当前，滨海五市积极推进旅游供给侧结构性改革，大幅提升了旅游基础设施配套，但是多停留于旅游厕所、旅游交通和智慧旅游等方面的点状改善，尚未实现全域化的品质提升。景区可进入性仍旧较差，接待容量、接待能力难以满足旅游业发

展的需求，游客停留时间较短，难以充分发挥旅游带动当地经济发展的作用。不仅如此，滨海五市旅游公共服务配套设施的国际化程度不高，除少数知名的景区景点以外，尚无法满足外国游客在境内的自由无障碍旅游。

（三）空间发展较集中，深海远洋开发不足

在空间布局上，浙江省海洋旅游正在积极推进全域化发展，但开发的深度和广度远远不够。一方面，开发仍集中于环杭州湾、舟山、温州洞头等地以及近海浅滩区域，台州海洋旅游发展相对较弱，呈现出较为明显的两头重、中间轻的发展格局。深海远洋空间开发严重不足。

（四）产业发展不均衡，旅游产业带动一般

从开发重点上看，滨海五市海洋旅游以滨海资源和海洋渔业资源为投资重点，大力发展滨海旅游、精品渔业休闲旅游等。而在新业态、新要素开发中，又将视角聚焦于邮轮、游艇、精品渔村、主题旅游岛、海上运动等产品，缺乏与临港先进制造、绿色石化、航港物流、海洋生态环境等创新融合的旅游产品，产品结构有待优化提升。从产业带动上看，综合化旅游产品多处于建设投资阶段，现有旅游产品仍较多停留于浅层次、低水平的开发，鲜有产品对地域文化、海洋资源等进行深度挖掘，使得旅游产业链相对较短，产业带动较为一般。

（五）品牌美誉度有待提升，品牌识别度有待加强

尽管滨海五市已经陆续启动了国际旅游市场营销计划，但是仍然存在一些问题。例如，五市各自为战，品牌宣传投入的经费和宣传力度各不相同，宣传效果良莠不齐；旅游产品的国际吸引力相对不足，缺乏具有国际号召力的核心拳头产品；旅游品牌的国际形象不够鲜明，各地缺乏独一无二或国际知名的品牌主题，品牌的识别度和美誉度不高。

（六）行政体制改革不彻底，产业发展利益条款分割

当前，滨海五市正在积极推进旅游行政管理体制改革，但是各地改革进度不一，改革仍不彻底。海洋旅游资源开发缺乏宏观指导和协调，“大产业、小管理”的管理体制尚未得到根本解决，海洋旅游资源由众多部门分割管理，政出多门，尚未形成协调发展的有效机制。例如，海洋旅游安全隐患多，安全管理难度大，海上娱乐项目的审批、检验、监管涉及众多部门，各部门的执法力度还不够，致使诸多隐患未能根治。

（七）海洋生态局部破坏，旅游用海环境较为复杂

尽管滨海五市及各县（市、区）积极落实海洋生态保护，但受制于浙江省东部沿海及海域环境较为复杂，海洋生态局部破坏仍较明显。其中，陆源入海污染物总量居高不下、沿海工程建设及航运破坏生态、海洋捕捞及水产养殖过度发展、粗放型旅游开发导致环境破坏等几大问题较为严重，仍旧是破坏海洋生态环境的几大主要问题。

（八）资源限制条件明显，旅游发展空间相对受限

与国际知名的海洋旅游区相比，浙江省的海洋旅游资源限制较为明显，在海洋旅游资源规模及品位、海洋旅游科技水平及投入等方面较为一般，对游客的吸引力不强；与陆地旅游环境相比，滨海五市存在着海洋生态环境较为敏感、海陆交通通达条件较差等限制性问题，并且受台风、潮汐等影响较大，严重阻碍了海洋旅游发展，尤其是深海旅游发展，使得东部海洋发展空间受限。

第三节　2018 年浙江省海洋旅游发展的方向和重点

一、浙江省海洋旅游发展迎来新时代

2011 年 2 月，国务院正式批复《浙江海洋经济发展示范区规划》(以下简称《规划》)，浙江海洋经济发展示范区建设上升为国家战略。国务院的批复要求，《规划》实施要突出科学发展主题和加快转变经济发展方式主线，以深化改革为动力，着力优化海洋经济结构，加强海洋生态文明建设，提高海洋科教支撑能力，创新体制机制，统筹海陆联动发展，推进海洋综合管理，建设综合实力较强、核心竞争力突出、空间配置合理、生态环境良好、体制机制灵活的海洋经济发展示范区，形成我国东部沿海地区重要的经济增长极。国务院还要求浙江省人民政府按照该《规划》确定的战略定位、空间布局和发展重点，有序推进重点项目建设，探索建立有利于海洋经济科学发展的体制机制。

根据《浙江海洋经济发展示范区规划》，浙江将打造“一核两翼三圈九区多岛”为空间布局的海洋经济大平台，宁波—舟山港海域、海岛及其依托城市是核心区；在产业布局上以环杭州湾产业带为北翼，成为引领长三角海洋经济发展的重要平台，以温州台州沿海产业带为南翼，与福建海西经济区接轨；杭州、宁波、温州三

大沿海都市圈通过增强现代都市服务功能和科技支撑功能，为产业升级服务。在此基础上形成9个沿海产业集聚区，并推进舟山、温州、台州等地诸多岛屿的开发和保护。浙江海洋经济发展示范区建设的战略定位是“一个中心、四个示范区”。“一个中心”，就是建设我国大宗商品国际物流中心；“四个示范区”，就是建设我国海洋海岛开发开放改革示范区、我国现代海洋产业发展示范区、我国海陆协调发展示范区、我国海洋生态文明和清洁能源示范区。在建设海洋经济发展示范区中，加快构建“三位一体”港航物流服务体系、发展海洋新兴产业和建设舟山海洋综合开发试验区是三项重中之重的工作。显然，浙江海洋旅游产业是浙江海洋经济发展示范区建设的重要一部分。

我们居住的地球上，海洋占据了表面大部分的面积，海洋里发育着各种形态的地貌，有的是陆地上从未有过的；海洋里还养育着多姿多彩的生命，由神奇的水底森林、各种大大小小的生物，构成了奇幻的大千世界，所以，海洋是地球上最大的景观区，它为人类开辟了广阔多姿的旅游休闲空间，满足着人类精神生活的需要，因此，作为海洋产业中的重要一支——海洋旅游业，已越来越受到世界各国的重视。海洋旅游一般包括海滨观光、海滨休闲、度假、疗养、海上体育、娱乐活动、钓鱼、海底探险活动等，主要是享受阳光、沙滩、海水、海鲜和新鲜空气等大自然的赐予。早在20世纪80年代初，以西班牙为首的地中海沿岸旅游大国就提出了“3S”工程，开创了海洋旅游的新纪元。从此，海洋旅游在世界各地迅猛发展。21世纪的现代旅游者更向往的是能彰显个性、挑战自我的特色旅游产品或体验性的旅游项目，海洋旅游由于其自身的独特性而成为现代旅游者追逐的聚焦点之一，这使得与“海”有关的特色旅游项目开发成为21世纪休闲旅游发展的一大新热点，海洋旅游也成为未来世界旅游业持续发展的重要方面。

海洋旅游是与陆地旅游相对应的，是按旅游活动地域不同来分类的一个子类，因此，可以把主要活动范围在陆地的旅游称为“陆地旅游”，而把主要活动在滨海地区、海上、海底、海岛的旅游称为“海洋旅游”。当然，对“陆地旅游”与“海洋旅游”的划分是相对的，因为任何旅游活动都离不开陆地。关于海洋旅游的基本内涵，许多研究机构和研究者从不同的角度对其进行了界定，但至今尚未形成一个被大家所一致认可的意见。借鉴这些研究成果，结合海洋旅游的现状，我们认为，海洋旅游是指以海洋地域和以海洋为载体的事物、活动为吸引物，以满足游客观光、休闲度假、娱乐健身、求知探险和个人其他特殊爱好为旅游目的的一种综合性旅游产业。

海洋旅游是海洋产业群中的重要组成部分，有着广阔的发展前景。在发达国家，海洋旅游产值一般都占到整个旅游业产值的2/3左右。近几年，中国海洋旅游进入快速发展阶段。沿海多地纷纷制订海洋旅游发展规划，启动一系列发展海洋旅游的具体措施，抢滩海洋旅游这片蓝海。《中国海洋经济发展报告2016》显示，2016年中国海洋旅游业快速增长，全年实现增加值10874亿元，比上年增长11.4%，成为带动海洋经济的重要增长点。

二、浙江省海洋旅游发展新成就

经过多年的努力，浙江海洋旅游产业的发展取得了巨大成就，例如：2016年，嘉兴市编制了《嘉兴市“十三五”旅游产业发展规划》，把滨海旅游纳入嘉兴市“十三五”期间重点发展旅游区块，对海宁百里钱江观潮旅游文化长廊区、海盐南北湖休闲旅游度假区、平湖九龙山滨海旅游区三大滨海旅游区块进行定位。通过打通平湖、海盐、海宁沿杭州湾区域界线，科学整合沿杭州湾的滨海旅游资源，形成嘉兴面对上海都市圈的杭州湾滨海休闲度假带产业布局，瞄准上海都市圈的周末度假休闲市场和商务会议市场，开发都市休闲、滨海度假项目，着重打造临沪杭州湾滨海休闲度假带。

宁波市经过“十二五”期间的持续发展，海洋旅游已经积累了一定的产业规模，涉海旅游景区建设成效明显。现已建成有海洋世界、杭州湾大桥农庄、黄贤森林旅游区、杭州湾湿地公园、杭州湾大桥海上观景平台、镇海招宝山文化旅游区、北仑洋沙山旅游区、凤凰山海港乐园、港口博物馆、鄞州南头渔村、象山影视城、松兰山旅游度假区、石浦渔港古城、中国渔村、宁海横山岛景区、西店邬家庄园等一批海洋旅游景区，其中包括1家省级旅游度假区，15家国家4A级旅游景区、3家国家3A级旅游景区，2家涉海的乡村全域旅游示范区，以及一大批海洋餐饮、海洋娱乐、海上运动和渔家乐项目，涌现了一大批涉海旅游企业。

近5年，宁波各靠海区县的海洋旅游保持着快速健康发展的势头，旅游业的辐射带动作用显著增强，旅游产业成为地方国民经济重要的增长极。比如：宁海海洋旅游目前主要特点是侧重休闲旅游，并逐步向休闲度假过渡。主要分布区域为象山港尾端和三门湾区域。宁海湾区域：围绕自在宁海湾全域旅游建设工程，一是加快滨海地区的旅游开发，规划建设宁海县滨海风景道，将长三岗、峡山、薛岙等滨海地区有机串联，打造滨海旅游风景线；二是加快海岛海域开发，建设滨海度假、海洋游钓、海岛观光等项目，并与外港串联打造海上游线。

三门湾区域：宁波南部滨海新区成立并获批浙江省级经济特区，将进一步带动区域旅游产业的发展。一是继续加强休闲农渔业的发展，三门湾农渔园区已正式成立并规划定位为休闲农渔产业区；二是加快通用航空产业发展，宁海滨海航空小镇项目已正式获批并启动建设；三是加快乡村民宿发展，王干山、隔洋塘、总浦塘等依托滨海景观发展滨海民宿并已形成一定规模。近 5 年来，宁海游客接待人次和旅游总收入分别以年均 14% 和 22% 高速增长，2016 年分别达到 1188 万人次和 131 亿元。“十三五”期间，预计旅游业会继续保持快速健康发展的势头，旅游接待人数年增长率继续保持在 12% 以上，游客量将达到 2000 万人次，其中入境游客超过 15 万人次；旅游总收入年均增速达到 15% 以上，预计 2020 年旅游总收入将超过 250 亿元，年均增长 12%。

北仑：海洋旅游项目进度顺利。建成并开放宁波国际赛道项目。全力做好万人沙滩建设和运营准备工作，宁波万年基业梅山湾海港城（一期）游艇码头项目顺利推进。成功开通运营梅山一日游专线产品，将区域内及附近的特色项目进行整合串联。梅山湾省级旅游度假区正式获得省政府批准。在中国港口博物馆成功获批国家 3A 级旅游景区、总台山徒步运动基地通过市级复核的基础上，春晓街道成功创建宁波市乡村全域旅游示范区。春晓九天香农庄成功创建省级果蔬采摘旅游基地。洋沙山度假区酒店项目被正式列为浙江省首批“坡地村镇”试点项目。梅山休旅中心积极开展与国家水上运动中心及省、市体育局的战略合作，积极推进国家十大全民水上运动休闲中心创建工作。推进 2017WTCC、CTCC 等重点赛事的前期筹备，确保 WTCC、CTCC 等四项赛事于 10 月 13~15 日圆满举办。成功举办 2017 梅山峰会 ·“一带一路”国际旅游岛高峰论坛。成功举办 2017 中国航海日论坛暨“雅戈尔杯”“一带一路”全国帆船邀请赛。吸引宁波市游艇协会在梅山注册落户，举办协会成立大会和首次全体会员大会。积极接洽知名游艇俱乐部，推进游艇线路开通运营前期工作。推进冰雪小镇项目的谋划工作。爱尚梅山湾皮划艇基地正式运营。

象山：近年来，象山旅游紧紧依托“海洋、生态、文化”优势，围绕“国家全域旅游示范区”创建目标，深入实施“双突破双驱动”战略，大力推进“四全四特”工程，海洋旅游、影视旅游、乡村旅游齐头并进。2016 年，游客接待量和旅游经济收入分别达到 1962 万人次和 186.8 亿元，旅游业增加值占地区生产总值（GDP）的比重达 8.0%，旅游从业人员占全社会从业人员的比重达 10.5%，主要旅游乡镇（街道）农民人均可支配收入年增幅达 10.2% 以上。全县拥有国家 4A 级景区 4 家，

3A 级景区 1 家，省级旅游度假区 1 个，省市级以上休闲基地 19 个，省市级以上农家乐特色村（休闲旅游示范点）20 个，旅行社 21 家，高标准旅游饭店 12 家，其他社会宾馆（民宿）719 家，床位数突破 2 万张。先后荣获“首批浙江省旅游经济强县”“中国生态旅游百强县”“中国最美休闲度假旅游名县”“全国休闲农业与乡村旅游示范县”等荣誉称号。

镇海：依托蕴含深厚的海防文化、海丝文化、宁波帮文化，镇海滨海旅游业近年来以实施旅游全域化、产业现代化、品牌国际化、服务品质化四大战略为抓手，目前区内拥有 1 家省级旅游度假区（九龙湖），4 家 4A 级景区（九龙湖、招宝山、十七房、宁波帮博物馆），8 家星级酒店，26 家省、市各种旅游产业融合基地，农家乐、乡村旅游等蓬勃发展。

鄞州区：起草编制《咸祥镇象山港滨海区域旅游专项规划》。目前已进入设计收尾阶段，即将召开专家评审会。依据该规划思路，未来大嵩片区将合理规划布局特色小镇（村），配套建设登山步道、古道、自行车道，培育古道下游产业链，打造步行、骑行、车行的拳头产品，乡村旅游资源整合更加到位，滨海休闲氛围愈加浓厚。在浙江投资贸易洽谈会、上海推介会期间，积极策划包装总投资 20 亿元的华侨城文化旅游项目，项目以打造咸祥蓝湾特色小镇为主题，以文化旅游和康体养生养老等旅游地产项目为主业态，总体进行“一轴一道五区”格局布置，计划建成长三角首个“国家海岸公园”。为新建咸祥石门古道旅游厕所一座，总投资 20 万元，片区内乡村旅游基础服务水平得到进一步提升，区域进入性更加便捷。连续 11 年成功举办欢乐城乡游系列活动，2017 年咸祥镇举办了国庆海上美食海鲜节、梭子蟹垂钓节等众多节庆活动，通过社会办节吸引了大量游客参与其中，养殖户旅游经济收入可观。

奉化：2016 年奉化全区接待国内外游客 1793.59 万人次，同比增长 10.7%；实现旅游综合收入 136.87 亿元，同比增长 14.9%。其中据不完全统计，2016 年奉化滨海旅游人次约 320 余万人次，海洋旅游总收入超过 14 亿元，年均增长 20%。整个奉化区内旅游发展态势良好，但本规划区旅游产业占比较少，要实现奉化全域旅游的目标（至 2021 年全域接待国内外游客达到 3500 万人次，旅游总收入超过 500 亿元），需要推进以本规划区为基地的海洋旅游核的开发，未来发展空间较大。

目前，台州海洋旅游正处于由观光旅游向休闲度假旅游转型时期，海洋休闲旅游发展已经起步。2016 年，全市共接待国内外旅游者 8930.73 万人次，同比增长 20.1%；实现旅游总收入 942.65 亿元，同比增长 25.8%，海洋旅游发展势头强劲。

温州全力打造“独具山水情怀的休闲旅游目的地城市”，坚持改革创新，注重融合发展，突出转型升级，强化全域旅游发展，各项工作进展顺利，产业发展态势较好。2017 年 1~10 月，全市共接待海内外旅游者 8400.22 万人次，同比增长 17.58%；旅游总收入 874.75 亿元，同比增长 19.66%。其中接待国内旅游者 8295.81 万人次，同比增长 17.62%；接待海外旅游者 104.41 万人次，同比增长 14.07%；国内旅游收入 839.89 亿元，同比增长 19.52%；国际旅游（外汇）收入 5.24 亿美元，同比增长 14.41%。

2017 年，舟山海洋旅游发展态势强劲。1~11 月，全市共接待境内外游客 5408.82 万人次，实现旅游收入 790.68 亿元，分别比上年增长 18.69% 和 21.22%。预计全年旅游人次将突破 5500 万人次，旅游收入将突破 800 亿元，超额完成任务指标。舟山大力推进“1+2+3”发展战略和六大攻坚行动，各项工作又有新的突破，招商任务顺利完成，再创佳绩，海洋旅游业日益成为新区海洋经济发展新的经济增长点。2017 年，舟山有许多亮点工作，例如：2017 国际海岛旅游大会在会议规模、嘉宾规格、综合效应和影响力等方面均创历史新高。大会组织了开幕式、“一带一路”国际海岛旅游发展舟山论坛等 12 项主题活动和 4 项配套活动，吸引了 45 个国家和地区、55 个境外代表团，1300 余名中外嘉宾参会，其中副部级以上嘉宾 21 位，包括中联部邀请的太平洋政治家联合考察团。大会集中签约 30 多个重大旅游项目，总金额超千亿元，其中舟山签约 15 个重大旅游项目，总金额达 520 多亿元，并设立了 100 亿元的海岛旅游发展基金；制定了《关于推进国家全域旅游示范区创建的指导意见》《舟山市创建国家全域旅游示范区实施方案》，积极推进旅游、交通、城建等“多规合一”，按照任务清单和时间节点，制订舟山市全域旅游示范区总体规划，完善各县区、功能区全域旅游规划体系，全景打造，全域推进，提升普陀山、朱家尖等传统景区景点，打造高等级旅游景区，提升 A 级景区数量；2017 年，全市旅游在建项目 73 个，总投资 214.63 亿元，已完成旅游项目建设投资 35 亿元；抓紧跟踪对接旅游重大项目，针对国际海岛旅游大会期间签约的一批重大旅游项目，抓紧沟通对接；加快推进旅游类小镇建设，如定海马岙、普陀东极、桃花、岱山东沙、嵊泗五龙，加快推进省级旅游风情小镇创建工作等；围绕“一岛一主题”的要求，对重点旅游岛群和 100 个海岛进行科学规划、差异发展、统筹推进，推动东极、桃花、岱山、嵊山—枸杞等岛屿基础设施建设等；推进与浙旅集团的合作，充分发挥舟山海岛旅游产业基金的作用，重点谋划白沙—柴山岛、登步岛的整岛开发等项目等；大力发展邮轮、游艇等海洋旅游经济，专题调研舟山群岛国际邮轮港，梳理了舟山邮轮经济发展存在的问题，着手启动舟山邮轮产业发展规划，成功运作国际邮轮旅游嘉年华，联合天海公司开展邮轮临时母港运营，申报全国邮轮旅游发展实验区；培育海岛精品民宿，积极申报省级民宿白金宿、金宿、银宿评选工作，持续开展民宿推广年活动，举办第三届最美民宿评选暨分享会；培育海岛特色旅游商品，推进“舟山心意”品牌建设，征集设计“舟山心意”品牌 LOGO，委托专业团队开展舟山特色旅游商品系列课题研究，加快形成 10 大类、200 分类具有舟山品质、有舟山文化、有舟山人文情怀的旅游商品体系；开展重点客源市场旅游推介，联合 20 家组团旅行社，在杭州重点社区组织开展银发市场营销活动，组织全市旅行社赴杭州、温州开展疗休养海岛旅游产品宣传促销活动，与当地上百家旅游机构和新闻媒体开展交流合作，受到了市场热烈欢迎；开拓新兴客源旅游市场，在广东开展寻找 33 位“舟山有缘人”活动，吸引万余名游客报名，网络点击量超百万，与贵州黔西南州、吉林松原市开展全面旅游合作，共同推动客源互送与产品互补，通过浙东南旅游联合体，重点开展广西、云南等新兴市场营销，扩大西南市场，等等；推进“最多跑一次”改革，梳理旅游部门“最多跑一次”改革事项，对旅行社许可证核发、质保金减半办理等事项实施“零跑腿”，推行电子导游证换发，全面做好旅行社分支机构备案“多证合一”工作；落实旅游标准化建设，筹建舟山市旅游标准化技术委员会，制定了旅游标准化建设规划和全域旅游标准体系表，完成 9 家旅行社的品质评定和审查，指导 2 家饭店创建绿色饭店，完成 13 家海岛休闲示范点的培育评定工作，完成 6 家浙江省果蔬采摘基地评定；推进文明旅游创建工作，组织开展文明旅游宣传和暗访工作，抓好文明旅游志愿服务、星级饭店公益广告宣传等工作，引导旅游企业诚信经营，组织旅行社录制播放公开承诺诚信经营视频，等等。

三、浙江省海洋旅游发展新瓶颈

尽管浙江海洋旅游产业发展取得了巨大成就，但仍然存在一些不足之处，例如：目前，嘉兴滨海旅游产品还是以观光型为主，产品未成体系，尤其缺乏滨海文化体验、滨海康体运动、滨海高端休闲以及滨海风情古城等创新产品，尚未树立起嘉兴滨海旅游的品牌形象；由于地理位置、行政区划等原因，平湖、海盐、海宁三地之间还没有在较高层面开展旅游合作，区域旅游产业缺乏统一的布局、设计与规划；现有的海洋旅游景区、产品比较分散，各自为政，组合度不高，串联性不强，缺乏整体性开发，没有发挥组合优势，导致嘉兴滨海旅游市场知名度偏低；嘉兴滨海旅游的公共设施与服务配套设施尚不完善，整体滞后于国际滨海旅游目的地的建设要求；景区之间道路缺乏有机联系和无缝对接，横向道路交通连接亟待加强；滨海旅游必备的水上旅游交通航线欠缺，影响滨海旅游的发展，空中旅游交通航线也有待开发。

宁波与国内外其他滨海旅游城市相比，主城区距离海域较远，海洋旅游的环境氛围明显不足；该市处于台风较多地区，海水水质条件有限，岸线多为泥质滩涂，缺少大规模的连绵沙滩；用于工业化发展的港口众多，旅游用海环境较为复杂；与建设海洋旅游经济强市的目标相比，该市海洋旅游业发展还存在一定差距：如缺少高规格的海洋旅游开发创新平台，海洋旅游经济总量仍然偏小，海洋旅游业发展方式比较粗放，海洋旅游市场增长的稳定性需要进一步加强，投资开发的市场秩序不够规范等。除此以外，某些地区海洋旅游配套设施落后，海洋旅游竞争力差，欠缺能够让客人"慢下来、停下来、留下来、住下来"的休闲、体验、度假的深度产品，如住宿设施、娱乐设施、餐饮设施等，导致对游客的吸引力低，致使游客逗留时间短、消费支出低，直接制约旅游可持续发展。这远远滞后于周边潜在市场的巨大需求。还有就是海洋旅游产品类型单一，各地区雷同部分较多，旅游吸引力较低。宁波海洋旅游资源丰富，但就现状而言，旅游资源开发深度还不够，有些项目间呈现单打独斗的局面，缺乏空间上、功能上的有机整合与营销策划。有些海洋旅游产品还基本停留在"观光"层面上，对生产、生活、生态、环境、风情、乡间野趣等资源整合不够，还远远没有形成完整的旅游产品体系，尚未成为精品特色旅游功能区。

海洋旅游产业投资滞后、海洋旅游驱动力弱也是宁波海洋旅游发展的不足之处。目前海洋旅游开发投资项目存在资金投入量大、回报周期长等问题，项目推进进程与规划目标存在一定差距。如奉化启动于2008年的阳光海湾项目，已由滨海养生特色小镇降级为特色小镇培育对象；另外还有凤凰健康产业城、浙江船厂项目等同样面临投资落地较慢等问题。整体上区域内项目投资结构有局限，项目落地性差，难以带动旅游空间拓展，与当前滨海旅游需求相比，旅游发展动力不足。所有的这些问题都需要在以后加大海洋旅游发展力度的过程中加以解决。

台州精品海洋旅游产品还比较缺乏，海洋旅游资源开发力度还不够大；滨海旅游新业态还需要加强培育，如国际邮轮旅游还在洽谈中，路桥游艇特色小镇还处在项目前期；海洋旅游文化内涵挖掘还不够深，有些特色"文化"没有得到有效"物化"，没有真正形成有形的旅游产品；各沿海县（市、区）联动发展不够，侧重于自身资源的开发，忽略了与其他区域之间的合作与交流；海洋旅游交通体系还不完善，沿海旅游景区大都处于交通偏远地区，交通的滞后在一定程度上影响了沿海旅游业的发展。

温州有些海洋旅游资源由众多部门分割管理，还未形成协调发展的有效机制；海洋旅游开发的深度和广度还不够，目前仅限于滨海陆域部分，海岛开发深度还远远不够；安全隐患还较多，安全管理难度大；资金投入还不足，基础设施还滞后，尤其是海洋旅游服务设施、交通条件还需进一步改善；景区接待容量、接待能力还不能满足海洋旅游业发展的需求，游客停留时间较短，难以充分发挥海洋旅游带动当地经济发展的作用。

舟山海洋旅游方面，除普陀山景区外，舟山其他景区在全国的影响力都还不是很大，形成了一花独秀的局面，但普陀山景区又以佛教文化旅游为主，产业链不是很长，与其他景区的关联度也不是很密切；舟山的中小旅游企业较多，由于种种原因，舟山的一些旅游企业尚未形成专业化分工协作的产业网络，一些旅游企业处在自我发展的阶段，有些景区虽集聚而不成群，无法形成强有力的区域旅游竞争优势；尽管舟山区域内岛际之间的交通问题已有很大的改进，但有些地方仍不够通畅，这是直接影响舟山海洋旅游产业集群化的一个重要因素；舟山海洋旅游产业的客源市场面临很大挑战，地域较窄，且较依赖于普陀山的影响力，显然，这会影响舟山海洋旅游的客源；有些外地游客在舟山逗留的时间偏短，影响了旅游消费总量，在旅行社安排的赴舟山的旅游线路中，邻近地区有的安排早出晚归，稍远地区有的安排早晨从宁波出发，晚上回宁波住宿，一些到舟山的游客来去匆匆；舟山的海洋旅游产业还缺乏强势旅游产业集群品牌。近年来，“舟山群岛”旅游品牌的建设已取得很大进展，但离强势旅游品牌还有一段距离。

四、浙江省海洋旅游发展的新目标

把海洋旅游业打造成为支撑浙江海洋经济发展示范区未来发展的重点产业，浙江省海洋旅游业发展继续走在全国前列，成为我国海洋旅游改革创新先行区、转型升级引领区、全域发展示范区、惠民富民样板区和国际知名的旅游目的地。具体来说，要做到：

第一，保持海洋旅游经济中高速增长，实现浙江海洋经济发展示范区海洋旅游经济增长“三个高于”，即高于全省地区生产总值年均增长率，高于全国旅游业年均增长率，高于全省旅游业年均增长率，逐年提高海洋旅游业在国民经济主要指标中的比重。

第二，做大做强浙江海洋经济发展示范区海洋旅游产业集群，使浙江省海洋旅游产业具有较强的竞争优势，要形成以浙江省海洋旅游核心吸引物为基础、海洋旅游产业的上下游企业和相关支持企业、机构在一定旅游目的地区域内大量集聚具有竞争优势的经济群落，形成由浙江省众多海洋旅游企业为核心、加上与海洋旅游业相关的外围部门或机构组成的有机系统。

第三，努力打造浙江海洋经济发展示范区海洋旅游产业知名品牌，为此，可与近年来浙江各地旅游品牌的建设相结合，依托浙江海洋经济发展示范区建设的影响力，通过系列节庆活动平台等来提升浙江海洋旅游品牌，同时，要增强浙江海洋旅游的品牌意识，推进浙江海洋旅游产业整体形象的包装、策划和宣传，强化旅游产业品牌的维护，提高浙江海洋旅游产业的知名度。

第四，进一步提高浙江海洋经济发展示范区海洋旅游的服务水平，使旅游环境更美、食品安全更放心、公共服务更完善、市场秩序更规范、文明旅游氛围更浓厚，正确处理好海洋旅游产业发展与环境资源的关系，生态保护和资源利用更加科学，人与人、人与自然、人与社会更加和谐，旅游从业人员、游客和当地居民的关系更加和谐，游客满意度有更大的提升。

第五，大力发展浙江海洋经济发展示范区海洋休闲旅游，休闲旅游已成为步入小康和富裕社会人民生活质量提高的重要标识和必然需求，海洋旅游包括海滨观光、海滨休闲、度假、疗养、海上体育、娱乐活动、钓鱼、海底探险活动等，主要是享受阳光、沙滩、海水、海鲜和新鲜空气等大自然的赐予，特别适合于人们的休闲需求，要坚持高端引领，休闲主导，重点发展邮轮、游艇、人造海滩、特色度假岛四大高端产品，结合美丽黄金海岸带修复整治工程，开发慢生活休闲体验、滨海运动休闲、养生疗养、海上低空游览、海洋主题公园等新型产品，大力发展渔农家乐旅游及民宿，积极建设独具浙江特色的海洋休闲旅游产品体系，要统筹开发全省海岛旅游资源，着力培育打造一批“一岛一风格，一岛一特色”的旅游休闲示范岛。

五、浙江省海洋旅游发展的新方向

（一）明确旅游产业定位，注重规划引领，推动滨海旅游发展

把滨海旅游纳入沿海市县“十三五”期间重点发展旅游区块，科学整合滨海旅

游资源，综合考虑海洋旅游资源分布特点、区位交通与市场条件、旅游产品开发方向、旅游空间发展动力机制以及区域间的合作基础与发展潜力，形成滨海休闲度假带产业布局，瞄准周末度假休闲市场和商务会议市场，开发都市休闲、滨海度假项目，着重打造滨海休闲度假带。并通过一系列品牌创建，业态培育，不断完善海洋旅游产品体系。

（二）重点打造滨海旅游景区，进一步提升旅游资源品质

滨海旅游景区要以项目建设为抓手进一步丰富海洋旅游产品体系，提升品牌和形象，挖掘整合海洋旅游资源，加快景区开发建设，不断完善配套设施建设，提升景区品质。要进一步通过各种知名媒体，加大投入，进一步提升滨海景区项目的品牌影响力和辐射力。同时要实现错位开发和特色发展，形成浙江省滨海旅游发展的整体合力，为进一步加快滨海旅游发展奠定基础。

（三）做大海洋旅游的产业规模，优化海洋旅游发展的体制机制

继续推进涉海旅游景区建设，重点建设滨海省级旅游度假区、国家级旅游景区和涉海的乡村全域旅游示范区。继续做大海洋旅游产业规模，重点培育一批海洋餐饮、海洋娱乐、海上运动和渔家乐项目，着重扶持一批涉海旅游企业。同时还需要继续推进要素配置市场化，改革资源环境有偿使用体制机制，优化市场信用建设，加大力度鼓励民营企业参与海洋旅游开发，培育海洋旅游发展的新生力量。

（四）优化海洋旅游的环境氛围，建设一批特色海洋旅游区

进一步改善可开发利用区域的海水水质条件，重点改造开发岸线旅游资源，优化可开发滩涂的旅游环境氛围，有针对性地重点规划和开发具有连绵沙滩条件的优势资源，适度进行海洋旅游港口的建设，优化旅游用海环境。培育一批休闲旅游岛和特色渔村，形成滨海休闲旅游带，大力推进邮轮、游艇、主题度假岛和海岛探险等高端旅游产品开发。

（五）做大做强海洋旅游产业集群，扎实推进海洋旅游重大项目建设

要形成以海洋旅游核心吸引物为基础、海洋旅游产业的上下游企业和相关支持企业、机构在一定旅游目的地区域内大量集聚具有竞争优势的经济群落，形成由全市众多海洋旅游企业为核心、加上与海洋旅游业相关的外围部门或机构组成的有机系统。

要进一步引进海洋旅游重大项目，采取更加有力的措施，促使海洋旅游重大项目尽快落地。制定更加有利于海洋旅游发展的扶持政策，例如，加大对海洋旅游建设用地的支持力度，加大对重大海洋旅游项目的支持力度，加大对海洋旅游企业的支持力度，加大对海洋旅游财政投入的力度等。

六、浙江省海洋旅游发展的着重点

（一）构建立体化的空间发展格局，开发特色化的旅游产品体系

采用超前发展的理念，构建“海陆空”联动的立体化空间发展新格局，并实现滨海旅游的规划共绘、设施共建、市场共拓、服务共享、品牌共创，推动旅游经济增长方式的转变，提高全省滨海旅游的发展水平。

采用创新发展的理念，依托“山、海、湖、潮、城、村、桥、岛”八大资源元素，围绕海滨、海岛、海面、海空和海陆，做足“滨海”文章。在提升传统滨海观光旅游产品的基础上，挖掘滨海历史文化，打造滨海古城文化体验产品；打造邮轮巡游、游艇会所、直升机旅游、海上花园、海景别墅等滨海高端度假产品；开发休闲运动、海空运动、慢步骑行、养生保健等滨海休闲产品；深化钱江观潮、运动健身、生态旅游产品；打造文化旅游岛和生态度假岛；利用传统文化、风土人情以及常态的生活方式，开发集餐饮、民宿、休闲、娱乐、购物为一体的滨海风情渔村，从而形成不同层次、不同特色的旅游产品体系，推动滨海旅游业从观光型向休闲度假型的转型升级。

（二）营造全域化的旅游发展环境，形成多元化的旅游交通网络

采用融合发展的理念，将滨海旅游产业与一二三产有机融合。与海洋渔业、渔村等结合，开发渔业旅游项目，打造旅游新业态和新产品；与环境保护、金融信息、商贸服务、物流交易、港口码头、交通网络等结合，营造“吃、住、行、游、购、娱”六大要素齐全，并实现全域休闲化、智慧化、生态化的滨海旅游发展环境。

采用协同发展的理念，在现有交通基础上，从大旅游的角度出发，滨海旅游交通应做到“海、陆、空”相衔接。海上，建设港口、岛屿、景区、渔村和各相关大桥相连接的海上旅游交通线，并重点通过杭州湾跨海大桥等，增强各相关市的交通能力；陆上，沿着海滨岸线道路，结合绿化带和景观带，建设滨海风景观廊道（含汽车道和步行道），并通过主要干道，与沪杭高铁、沪杭高速公路等相连接；空中，根据飞行距离、线路、地面景物等的不同，利用热气球、飞艇、直升机和水上飞机等飞行工具，开辟低空旅游观光交通线，从而形成多元、便捷、先进的滨海旅游“大交通”网络。

（三）充分发挥旅游专业招商功能，积极“走出去”与“请进来”

利用国际海岛旅游大会、浙江省全域旅游重大项目招商引资洽谈等平台，做好旅游项目的规划设计和论证包装，积极引进实力强、品牌优的企业参与到海洋旅游项目投资建设中。广泛发动社会力量、民营资本投入海洋旅游开发事业，形成多元化的投资体系。坚持“谁投资、谁受益”的原则，走“大社会、办大旅游”的路子，鼓励那些能带来高新技术、先进管理经验和较前沿旅游项目的外商企业投资海洋旅游项目。

（四）加快滨海旅游景区评选

进一步宣传贯彻国家 A 级景区评定标准，鼓励相关的滨海旅游景区积极申报 A 级旅游景区创建，以创建 A 级旅游景区为载体，加快滨海旅游景区的软硬件建设，打造滨海旅游精品。

（五）全景打造、全域推进、全面融合、全线提升

提升现有滨海景区软硬件水平，打造一批主题鲜明、功能完善、业态丰富、服务优良的高等级滨海旅游景区；提升 A 级景区数量，推动渔村景区化工程；以旅游的标准布局码头、车站、公共停车场、城市绿地、商业街区、博物馆、图书馆等公共场所的旅游休闲功能，大力培育滨海休闲旅游示范点；围绕“一岛一主题”的要求，遵循整岛全景开发与保护的原则，对重点旅游岛群和 100 个海岛进行科学规划、差异发展、统筹推进；提升热门岛屿的旅游服务水平；推动热门岛屿基础设施建设，丰富文化内涵，加快形成旅游 IP 形象；推进城市公园、骑行绿道、登山步道、游艇码头、自驾车、房车营地、旅游厕所等公共休闲设施建设，规范旅游标识标牌系统。

推进旅游规划与国民经济社会发展规划、城乡规划、土地规划、海洋功能区规划等“多规合一”，加快全景建设“滨海旅游城市”；加强市级部门联动机制，加强与县区、功能区旅游主管部门的上下联动，形成齐抓共管、统筹发展的强大合力；组建旅游标准化技术委员会，推广应用各类旅游标准，推选涉旅企业和单位创建国家级、省级旅游模范，制定和推广旅游码头、海岛绿道、休闲渔业、海岛民宿等地方标准；加大招商引资力度，依托旅游大项目建设，加快形成产业集群；发挥海岛旅游产业基金的作用，鼓励社会资本通过 PPP 模式投资、建设、运营旅游项目。

以经典渔村、历史文化村落为载体，开发海岛渔（农）村体验游、景观农业、休闲渔业等项目，发展水产品加工、船舶制造等海洋工业旅游；推广《印象普陀》《观世音》等旅游文化大戏，引导提升高端滨海禅修体验、参学悟道活动；以“旅

游 +”和“+ 旅游”的方式，融入其他服务产业各个环节，形成“行行加旅游、处处是旅游”的局面。

以供给侧改革为导向，从满足游客多样化、个性化需求出发，培育休闲旅游热点产品，发挥民宿协会的作用，打造一批体现海洋元素的“岛居”精品民宿；以国际化的标准加大“海洋味道”本地菜系研发，推出“全蟹宴”“带鱼羹”等吸引眼球的特色美食产品；以“中国好空气”为吸引物，加快形成和完善海洋海岛特色水上运动和健康养身产品等；赋予旅游产品灵性和内涵，将佛教文化、渔业文化、民俗文化、海岛文化融入旅游全过程中，提升游客的体验感和获得感，推出有感悟力的精品禅修项目；借助国际海岛旅游大会，融入“一带一路”旅游圈，拓展港澳台地区以及丝绸之路沿线国家、东南亚等入境旅游客源市场；推进旅游行业信用体系建设，加强文明旅游宣传教育，开展卓越团队评选、行业比武，加强人才队伍培养，推动行业服务提升，加大监管力度，维护市场秩序，妥善处理投诉纠纷，提升游客满意度；推进旅游大数据中心建设，实现公安、交通、气象等信息数据共享，建设节假日旅游值班安全监控系统，推进景区信息化门禁系统；推动旅游公共服务前移，完善机场、客运站、码头等集散地旅游接驳功能，推动与主要旅游区的无缝对接，形成“快进慢游”的旅游集散体系；完善旅游公共服务体系，强化上下游产业旅游服务功能，延伸服务内涵，打造以美食、美宿、美行、美景、美购、美娱等为核心的旅游全产业链。

七、浙江省海洋旅游发展的新举措

（一）海洋旅游产业集群发展方面

1. 以浙江海洋经济发展示范区建设为契机，培育大型旅游骨干企业集团，并力争上一些大的旅游项目，着力打造大型旅游综合体，进一步夯实海洋旅游产业集群的基础。

2. 以政府相关部门的支持和推动为动力，加强浙江海洋经济发展示范区域内现有海洋旅游企业的合作，做到扬长避短、差异发展、互补共赢，可尝试设置景区通票，打通各景区通道，建立区域旅游投诉制度，全面规范路牌标识和旅游景区指示牌，从而合理分布海洋旅游产品，避免海洋旅游产品重复建设和恶性竞争，优化浙江海洋旅游产业布局，提高浙江海洋旅游产业集群化的程度和整体竞争力。

3. 加快各地海洋旅游集散门户的建设，增加往返旅游岛屿航班密度，满足旅游者快速、安全、舒适的需要，使游客游览时，感到来往方便、心情舒畅、物有所值，提高浙江海洋旅游产业集群的美誉度。

4. 以设置相关海洋旅游营销中心为抓手，统一风格，统一经营模式，组织景区要素联销，形成整体营销合力，形成口碑效应和聚核效应，从而在巩固浙江旅游传统客源市场的同时，拓展新的目标市场，扩大游客接待量，提高浙江海洋旅游产业集群的市场占有率。

5. 实施一体化开发，形成合理的“点”“线”“块”“群”布局，争取让游客多游览一些景区景点，增加逗留时间，拉动旅游综合消费，增大旅游消费总量。

（二）海洋休闲旅游产业发展方面

1. 按照休闲旅游的理念，以高标准、高起点进一步做好浙江海洋休闲旅游产业的发展规划，整合适合休闲的旅游资源，从休闲度假的角度实施整体开发，促进浙江休闲旅游业各地的差别发展和内部有序发展，提高浙江休闲旅游业整体发展水平。

2. 重视休闲要素的渗透，在开发旅游产品时，优先考虑休闲因素，注重对适合于休闲的海洋旅游资源的研究，使适合于休闲的海洋旅游资源的优势得到充分发挥，进一步增加浙江海洋休闲旅游的吸引力。

3. 紧跟休闲旅游的时代潮流，进一步整合浙江海洋休闲旅游的营销体系，形成整体营销合力，整合浙江的休闲旅游产品和休闲旅游线路，组织景区要素联销，在巩固浙江海洋休闲旅游传统客源市场的同时，要不断拓展新的目标市场。

4. 根据休闲旅游的规律，妥善处理好休闲旅游高峰期间的车辆分流，进一步改进景区之间的交通，增开浙江海洋休闲旅游专线车船，减少游客等待时间，逐步扩大和完善各种休闲旅游服务项目，进一步提高休闲旅游服务的水平，使游客在浙江休闲度假后，感到进出方便，心情舒畅。

5. 结合休闲旅游的特点，加强与邻近地区休闲旅游产业的合作，互动开发，休闲旅游产品错位经营，扬长避短，凸显浙江海洋休闲旅游的特色，优化区域休闲旅游产业布局，力争在互补和共赢上实现最优。

（三）海洋旅游知名品牌打造方面

1. 推进浙江海洋旅游整体形象的包装、策划和宣传，凸显浙江海洋旅游特色，进一步提高浙江海洋旅游的知名度。

2. 要进一步增强浙江海洋旅游产业发展的品牌意识，把打造浙江海洋旅游知名品牌工作放到更重要的位置。

3. 以浙江相关市正在建设中的海洋旅游品牌为基础，努力打造浙江海洋旅游的整体品牌，为此，可与浙江海洋经济发展示范区建设相结合，通过系列节庆活动平台等来提升浙江海洋旅游品牌。

（四）渔农家乐旅游及民宿发展方面

1. 政府需要充分发挥主导作用，为乡村旅游中民宿的发展营造更良好的氛围，创造更良好的条件。一是解决农民贷款的问题，为旅游民宿发展中遇到的筹资难提供便利；二是旅游主管部门当前亟须制定统一的旅游民宿管理办法和乡村旅游服务质量标准，为强化服务管理提供依据；三是制定民宿星级评定标准，并组织开展民宿星级评定。

2. 除提供优质的食宿服务外，民宿经营者还需自主提供一些体验项目，以丰富游客的慢生活体验。除此以外，“季节性”因素是影响渔农家乐旅游和民宿经济发展的一个制约点。为了能够打破这个制约因素，就需做好“春耕、夏种、秋收、冬藏”四篇文章，实现一年四季任何时候走进“民宿”，都有可以走的地方、适合做的事情、喜欢看的美景，做到“民宿经济”的全季候覆盖。

3. 每年的旅游淡季，政府职能部门可利用这一时间段针对从业人员开设专门的渔农家乐和民宿的经营课程，通过有针对性的、实用的课程打开经营者的思路，开阔经营者的视野，解决经营者在经营过程中遇到的难题。

4. 民宿要把渔村风貌与乡土文化融合在一起，展示出人与自然互惠互利、和谐共处的自然生态，这才是吸引城里人的法宝；要营造安逸宁静的环境，让游客在温馨的环境中享受宁静的夜晚；渔农家菜肴的开发要立足渔农业，就地取材，打好无公害绿色食品这张牌。

5. 要加大渔农家乐和民宿项目推介力度，组织特色镇村积极“走出去”参加各种旅游交易活动，除了善于利用传统的电视、报刊、广播等媒体宣传外，还要通过网上预订、网上交流等，打开主客互动的窗口。

（五）海洋旅游发展的保障措施方面

1. 浙江海洋旅游的发展，主体较多，涉及面较广，开发期较长，投资额较大，是一项长期的系统工程，因此，必须实施政府主导、市场运作的开发机制。

2. 制定更加有利于海洋旅游发展的扶持政策，例如，加大对海洋旅游建设用地的支持力度，加大对重大海洋旅游项目的支持力度，加大对海洋旅游企业的支持力度，加大对海洋旅游财政投入的力度等。

3. 进一步完善海洋旅游发展的工作机制，改善投资环境，重视浙江海洋旅游的规划管理，构建浙江海洋旅游的协调机制。

4. 正确处理好浙江海洋经济发展示范区建设与浙江海洋旅游产业发展、浙江相关市之间的海洋旅游产业发展、海洋旅游产业发展与环境资源的关系。

5. 加强海洋旅游人才队伍建设，通过整合提升，形成更加有效的培训队伍和培训机制，加强对员工的业务培训，严格培训考核，全面推行职业资格证书制度，以提高其专业水平和学历层次；引进海洋旅游行业管理、企业经营、市场营销、产品研发、文化创意、项目策划、形象推广、信息技术等方面的高素质专业人才。

第二章

分报告

第一节　宁波市海洋旅游业发展情况

一、整体情况

宁波市位于东海之滨，长江流域经济带和我国沿海经济带 T 形交会区域的南端、长江三角洲的中心地带，是我国沿海中部，长江三角洲的东南角，东临东海，西与绍兴市的上虞、嵊州和新昌交界，南与台州市的三门和天台为邻，北与上海和舟山隔海相望，既是我国最早的对外通商口岸之一，又是长三角经济圈海域扇面的核心主体组成部分。宁波海洋旅游资源丰富，拥有长江三角洲区域近岸海域少见的海滨沙滩，沙细、坡缓、浪静，是天然的海水浴场，在宁波的海域范围内，不仅具有大自然赋予的雄壮、绮丽、多变的迷人景色，更是发展游泳、垂钓、冲浪、风帆、游艇、滑水、潜水等休闲活动和海洋科考、度假等旅游项目的良好区域。宁波市大陆岸线西起余姚市黄家埠镇，西南至宁海县一市镇，岸线总长 758.6 公里。海域由“五洋三港湾”构成，(“五洋”即横水洋、峙头洋、磨盘洋、大目洋、猫头洋，“三港湾”即杭州湾、象山港和三门湾)。杭州湾和三门湾分别从北边和南边裹挟，象山港从中间嵌入陆地，岸线曲折，海岛星罗棋布。优越的天然深水良港造就了东方大港，杭州湾、象山港湾、三门湾三大港湾形成了宁波滨海城市的独有风貌和特色。

作为长三角南翼的旅游中心城市，在杭州湾跨海大桥建成之后，宁波市主动接轨大上海，融入长三角，建设海洋旅游经济强市的战略优势更加突出，旅游产业的发展与上海大都市的融合度得到进一步加强。经过“十二五”期间的持续发展，宁波海洋旅游已经积累了一定的产业规模，涉海旅游景区建设成效明显，在全省范围内处于领先的地位。现已建成有海洋世界、杭州湾大桥农庄、黄贤森林旅游区、杭州湾湿地公园、杭州湾大桥海上观景平台、镇海招宝山文化旅游区、北仑洋沙山旅游区、凤凰山海港乐园、港口博物馆、鄞州南头渔村、象山影视城、松兰山旅游度假区、石浦渔港古城、中国渔村、宁海横山岛景区、西店邬家庄园等一批海洋旅游景区，其中包括 1 家省级旅游度假区，15 家国家 4A 级旅游景区、3 家国家 3A 级旅游景区，两家涉海的乡村全域旅游示范区，以及一大批海洋餐饮、海洋娱乐、海上运动和渔家乐项目，涌现了一大批涉海旅游企业。

2017 年，全市接待入境游客 186.91 万人次，同比增长 7.74%；实现外汇收入 66.8 亿元，同比增长 7.89%；接待国内游客 10910.25 万人次，同比增长 18.61%；国内旅游收入 1649.12 亿元，同比增长 19.03%；实现旅游总收入 1715.95 亿元，同比增长 18.63%。旅游业增加值占地区生产总值（GDP）比重达到 6.8%，超额实现年初既定目标。年末全市共有星级酒店 120 家，其中五星级 22 家；共有 4A 级以上风景区 31 处，其中 5A 级 1 处。全年新增市级农家乐特色村（点）14 个，累计达 190 个。

“十三五”期间，宁波将以打造中国一流的海洋旅游目的地为目标，以象山海洋旅游目的地为核心，以杭州湾、象山港、三门湾为依托，重点推进杭州湾片区、镇海北仑片区、梅山春晓片区、象山港片区、松兰山—大目湾片区、石浦—大塘港片区、宁海三门湾片区七大海洋旅游板块建设。建设一批特色海洋旅游区，培育一批休闲旅游岛和特色渔村，形成滨海休闲旅游带，大力推进邮轮、游艇、主题度假岛和海岛探险等高端旅游产品开发。加快推进海洋旅游交通网络和安全体系建设，研究布局公路交通、海上交通和空中交通的立体交通体系，提高海滨景观道路的建设水平，开辟港湾海岛游览航线，有序发展直升机旅游与应急救援基地、低空飞机起降点。统筹全市海洋节事管理，利用本市举办中国海洋经济投资洽谈会，申报世界海洋博览会的契机，提升全市海洋旅游的品牌影响力。到 2020 年，基本形成滨海旅游城镇、滨海旅游度假区、滨海渔业休闲基地、特色渔村鱼市、旅游港湾、休闲旅游海岛一体化的全市海洋旅游产品体系，促进东部沿海岛屿与舟山海洋海岛旅游协同发展，拓展并形成浙江东部多层次的海洋旅游精品线路。

二、分区概况

（一）北仑区

北仑区位于浙江省陆地的最东端，是中国重点沿海港口城市之一，区域总面积 823 平方公里，其中陆地 585 平方公里，海域 238 平方公里；海岸线总长 168.23 公里，其中陆上海岸线 78.84 公里，海岛海岸线 89.39 公里；大小岛屿 29 个，岛屿面积 63.14 平方公里。

近年来，北仑区相关部门合力推进东方大港一期观景平台、国际帆船基地、春晓杨家岭高端综合地块等招商，联合发改、招商、梅山休闲旅游中心等部门，接待了华侨城、海游集团、IDG 等国内外知名旅游投资企业。深入推进主题公园、文旅综合体、度假酒店、通用航空等重点项目洽谈。如梅山休闲旅游中心积极开展海洋旅游产业招商，先后吸引顺途旅游、宁波金海岸、蓝岸超人体育文化、甬恒体育发展等多家旅行社、运动俱乐部在梅山注册落户，海洋旅游产业的集聚效应逐步显现。

海洋旅游平台申报不断取得成果，梅山湾省级旅游度假区正式获得省政府批准；中国港口博物馆成功获批国家 3A 级旅游景区、总台山徒步运动基地通过市级复核的基础上，春晓街道成功创建宁波市乡村全域旅游示范区；春晓九天岙农庄成功创建省级果蔬采摘旅游基地；洋沙山度假区酒店项目被正式列为浙江省首批“坡地村镇”试点项目；梅山休旅中心积极开展与国家水上运动中心及省、市体育局的战略合作，积极推进国家十大全民水上运动休闲中心创建工作。海洋旅游推广活动有声有色，成功举办 2017 梅山峰会 ·“一带一路”国际旅游岛高峰论坛；成功举办 2017 中国航海日论坛暨“雅戈尔杯”“一带一路”全国帆船邀请赛；宁波北仑旅游产品推介会成功召开，各类旅游推介活动进展顺利；梅山首届洋蓟文化节、春晓土豆节、白峰年糕节等特色节庆不断发展。

为加快培育海洋旅游产业发展新动能，增强创新驱动能力，全面提升区域海洋旅游产业综合实力，北仑区先后出台了《北仑区（开发区）促进产业结构调整专项资金扶持政策》《关于加大北仑旅游市场推广扶持的实施细则》《关于加快推进休闲农业与乡村旅游发展的实施意见》《关于春晓街道民居民宿星级提升的奖励办法》等一系列扶持政策。

根据《宁波市北仑区旅游事业发展“十三五”规划》：北仑将以春晓、梅山、郭巨、白峰、新碶、戚家山等街道为依托，以宁波国际海洋生态科技城大平台建设为龙头，打造梅山湾旅游度假区、东方大港景区、邮轮始发港、北仑山海滨公园、戚家山海防遗址文化等项目，打造以海港为特色，以穿山半岛和滨海新城为核心板块的海洋旅游产业集聚平台。重点培育港口文化博览、沙滩休闲运动、邮轮游艇休闲、滨海时尚赛车、滨海酒店度假、古镇文化休闲等多元业态，树立宁波海港旅游核心地位，建设长三角新兴的海洋休闲旅游目的地，推动北仑海洋旅游全域化发展，将海洋旅游业培育成为北仑现代服务业的核心支撑产业。加快打造特色海洋商贸古镇。以郭巨古城和柴桥老街为重要空间载体，深度挖掘北仑悠久的商贸文明和海洋文化。以国际海洋生态科技城建设为契机，强化滨海新城海洋休闲服务功能。以特色、丰富、多元的海洋旅游产品和高品质、高标准的旅游服务配套，打响北仑海洋旅游品牌，做大北仑海洋经济，积极培育体育旅游、购物旅游、医疗旅游、文化旅游、乡村旅游五大新型旅游业态，将滨海新城建设成为国际品质、绿色生态的海洋生态休闲旅游胜地和具有国际竞争力的现代海洋经济产业高地。

（二）奉化区

奉化区地处长三角南翼，东海之滨，是著名的弥勒圣地、蒋氏故里。全区陆域面积1277平方公里，海域面积91平方公里。海岸线总长103.03公里，其中陆上海岸线61公里，海岛海岸线42.03公里，地貌构成大体为“六山一水三分田”。奉化区结合地域历史文化、民俗风情和自然资源，发挥旅游节庆、赛事和展会活动的综合效应。依托中国（奉化）雪窦山弥勒文化节的知名度和美誉度，引领游客开展祈福未来之旅；依托“在那桃花盛开的地方”桃林盛景，继续开展“水蜜桃文化节”；依托大堰生态旅游节的知名度，大力发展山地越野车、高山探险、滑翔伞等新业态项目；依托布龙艺术文化节，大力开展制布龙、舞龙、赛龙等比赛，将条宅村打造成国家级舞龙传承基地与休闲养生旅游生态村。整合“民国风、弥勒梦、桃花情、生态城”等旅游品牌，推动全区旅游产业延伸互动，积极拓展国内外旅游市场。

目前，宁波滨海旅游休闲区是奉化全域旅游的重要板块，包括奉化莼湖、裘村、松岙三镇行政范围，区域总面积383平方公里，其中：陆域面积287平方公里，海域面积96平方公里，总辖81个行政村，5个居委会，10.68万户籍人口，12万常住人口。规划区域拥有61公里长的海岸线，由于其得天独厚的狭长形半封闭的海湾特点，被称“宁波湾”。规划区内核心位置已由围海工程形成一处人工湖泊——天妃湖，整个湖由三条堤坝（东堤、福堤、西堤）围绕成，总面积6平方公里，湖内水深最深处约达20米，周长约21公里。

2017年全年奉化共接待国内外游客2078.54万人次，实现旅游总收入172.07亿元，比上年分别增长15.9%和25.7%。整个奉化区内旅游发展态势良好，但本规划区旅游产业占比较少，要实现奉化全域旅游的目标（至2021年全域接待国内外游客达到3500万人次，旅游总收入超过500亿元），需要推进以本规划区为基地的海洋旅游核的开发，未来提升发展空间较大。

未来，奉化区将依托宁波滨海旅游休闲区内山海相依、谷丘错落的极佳地形条件和良好的生态环境，突出其山、海、田、村镇交织的优势格局；通过挖掘三镇原有的以“天妃平安文化、船帮渔俗文化、长寿生态文化、浙东民俗文化、革命红色文化、抗倭海防文化”为主的元素，合理布局，重点营造度假氛围，整合山水观光、乡村休闲、滨海度假、户外运动、康体养生、文化游乐、工业休闲等业态，将规划区打造为立足长三角，面向全国乃至日韩市场，国际化水平较高的综合型滨海旅游休闲区。四大主导旅游产品如下。

（1）滨海度假产品

依托阳光、海滩、岛屿的海洋度假游，依托桐照村的渔家风情体验，利用海岸旅游资源开展滨海风情小镇建设。主要植入各档次酒店、游乐级餐饮设施等核心度假产品，健全公共服务配套。

（2）山水观光产品

黄贤森林公园、白岩山“最美公路”、横江湿地及多变海岸等自然界面构成了特色山水休闲环境，辅以露营基地、观星台灯休闲产品的策划，为山水休闲体验产品开发提供了空间载体。

（3）康体养生产品

依托周边环境与长寿、养生文化，开发南岙舍辋、茭湖村等区块的传统养生养老度假产品；开发集高端医疗、养生度假、科学康复等业态的凤凰健康城项目，打造国际健康旅游示范区。

（4）文化游乐产品

主要为古村文化及红色文化两类，古村文化以“水墨马头”“诗书吴江”以及“农耕翔鹤潭”为三大主题村落，提供文化观光、民俗体验以及教育传承等产品；红色文化以松岙镇区为核心，串点成线，打造爱国主义教育基地。另在阳光海湾区块打造文创街区等。

（三）象山县

象山县位于浙江省中部沿海，是典型的半岛县，三面环海，两港相拥，全县陆域面积1382平方公里，辖10镇5乡3街道，总人口55万，海域面积6618平方公里，海岸线925公里，大小岛礁656个，拥有36个金色沙滩，总长13.2公里，是全省乃至全国少有的兼具山、海、港、滩、涂、岛资源的地区。象山海洋资源丰富，产业特色鲜明，形成了临港工业、滨海旅游、针织、汽配、模具、建筑等八大特色产业。生态环境良好，山、海、岛相融相映，森林覆盖率55.8%，常年空气质量优良率90.2%，每立方厘米大气负氧离子含量1.47万个，素有“东方不老岛、海山仙子国”和“天然氧吧”之美誉。文化魅力独特，形成了以渔文化为核心的海洋文化传统，孕育了“海纳百川、勇立潮头”的象山精神，中国开渔节被列为全国十大民俗节庆，中国海洋论坛、徐福文化象山研讨会影响力进一步提升。

近年来，象山旅游紧紧依托“海洋、生态、文化”优势，围绕“国家全域旅游示范区”创建目标，深入实施“双突破双驱动”战略，大力推进“四全四特”工程，海洋旅游、影视旅游、乡村旅游齐头并进。全县拥有国家4A级景区4家，3A级景区1家，省级旅游度假区1个，省市级以上休闲基地19个，省市级以上农家乐特色村（休闲旅游示范点）20个，旅行社21家，高标准旅游饭店12家，其他社会宾馆（民宿）719家，床位数突破2万张。先后荣获“首批浙江省旅游经济强县”“中国生态旅游百强县”“中国最美休闲度假旅游名县”“全国休闲农业与乡村旅游示范县”等荣誉称号。

2017年，象山县紧紧围绕“国家全域旅游示范区”创建目标，按照“全域化、精品化、智慧化”要求，深入实施“四全四特”工程，不断深化改革创新，建立党政统筹的现代旅游治理体系；推进多规融合，形成科学合理的全域旅游规划体系；加强产业融合，丰富和拓展全域旅游产品供给；加大建设力度，提升全域旅游公共服务能力和水平；推进共建共享，创造和谐有序的全域旅游发展环境；实施整合营销，提升象山全域旅游目的地品牌形象。2017年接待游客2200万人次，旅游综合收入240亿元，同比分别增长12%和28%。

2018年是象山县“国家全域旅游示范区”创建决胜之年，也是高水平旅游强县建设关键之年。下一步全县旅游工作将以党的十九大精神为统领，以习近平总书记新时代中国特色社会主义思想为引领，按照新理念、新思想、新战略要求和市旅游产业发展大会精神，坚持目标导向和问题导向，围绕国家全域旅游示范区创建和高水平旅游强县建设目标，深化全域旅游创建成果，乘势而上，主动作为，补短板拉长板，进一步推进旅游供给侧改革，优化旅游产业结构，提升旅游公共服务水平，更加积极主动迎亚运，为建设全国知名海洋休闲度假旅游目的地和宁波现代化滨海城区奠定基础，力争2018年全县接待游客达2400万人次，旅游经济综合收入突破260亿元。深入实施“357”工程，强化旅游规划、旅游项目、旅游营销三大统筹，实现品牌形象宣传、产品业态发展、旅游交通建设、智慧旅游建设、旅游人才队伍建设五大突破，推进景区功能、乡村旅游品质、公共服务、行业管理、旅游市场综合监管、全域旅游安全、机关干部素质七方面提升。

（四）鄞州区

鄞州位于东海之滨，全区海岸线长22公里，滨临象山港，水域宽广，风平浪静，水质清净。其中咸祥、瞻岐、塘溪三镇为鄞州滨海区域，区域内拥有福泉山、金娥山、太白山等多处山水旅游资源，是沙孟海、童第周等诸多名人的诞生地，具有深厚的人文底蕴。本区拥有一个涉海旅游的4A级旅游景区——宁波海洋世界，它是融合海洋生物展示、海洋风景展示、大型海洋动物表演、海洋生态科普教育为一体的华东地区最具表演特色的大型海洋馆。

咸祥是三镇中海洋资源最丰富的，境内拥有海岸线14.6公里，东濒象山港，北依福泉山，东南与象山县隔港相望，典型的浙东渔乡风情，大面积的滩涂景观，适合开发浙东地区滨海休闲旅游度假区。瞻岐以发展产业、总部商务、生态休闲等现代服务业功能为主。塘溪镇作为依托，联动境内山水、文化资源和咸祥、瞻岐的滨海资源，打造山海旅游联动，近郊山水养生度假胜地，也是咸祥滨海休闲旅游度假区的重要延伸区。

2017年，鄞州区编制完成镇域总体旅游专项规划，规划在大嵩片区合理规划布局特色小镇（村），配套建设登山步道、古道、自行车道，培育古道下游产业链，打造步行、骑行、车行的拳头产品，乡村旅游资源整合更加到位，滨海休闲氛围愈加浓厚。策划包装重大旅游项目，利用浙洽会和上海推介会，策划包装总投资20亿元的华侨城文化旅游项目，项目以打造咸祥蓝湾特色小镇为主题，以文化旅游和康体养生养老等旅游地产项目为主业态，总体进行“一轴一道五区”格局布置，力争建设成为长三角首个“国家海岸公园”。不断加大基础设施建设，进一步提升片区内乡村旅游基础服务水平，稳步改善区域内的可进入性条件。旅游节庆活动知名度逐步扩大，连续11年成功举办欢乐城乡游系列活动，2017年咸祥镇还举办了国庆海上美食海鲜节、梭子蟹垂钓节等众多节庆活动，社会化办节的形式吸引了大量游客参与其中，也大幅度提高了养殖户的旅游经济收入。

2018年，鄞州区将重点建设咸祥镇象山港滨海区域，计划完成“咸祥镇象山港滨海区域旅游专项规划”定稿并完成评审。充分利用咸祥横山山可以俯瞰整个象山港全景及咸祥全景的优势，结合咸祥人杰地灵的人文特色，集中力量打造一个既可看海景又可观人文的景点，塑造一系列咸祥特色海鲜产品放心品牌，并以横山山为基点，发展一条咸祥海景人文旅游新路线，其中结合“小渔夫”活动和海洋渔业研究院基地，着力打造一条科普一日游路线；同时，利用罗浦暴动纪念碑这个教育基地及芦浦古道天然优势，打造芦浦一站式体验一日游基地。

（五）镇海区

镇海位于东海之滨，素有“浙东门户、海天雄镇”之称，区域面积246平方公里，户籍人口23.17万人，下辖2镇、5街道，海岸线总长26.97公里，其中陆上海岸线21公里，海岛海岸线5.97公里，素有“海天雄镇”“浙东门户”“院士之乡”“商帮故里”“人文梓荫”之美誉。

近年来，镇海依托蕴含深厚的海防文化、海丝文化、宁波帮文化，以实施旅游全域化、产业现代化、品牌国际化、服务品质化四大战略为抓手，借助招宝山海防文化公园、后大街社区、甬江沿岸文化旅游设施的建设整合，着力打造甬江沿岸具有鲜明海防文化特色的旅游景区。镇海区海洋海岛旅游开发以招宝山街道建设为重点，主要建设招宝山主题旅游小镇和国家级文化旅游区。目前，区域内拥有 1 家省级旅游度假区（九龙湖）、4 家 4A 级景区（九龙湖、招宝山、十七房、宁波帮博物馆）、8 家星级酒店、26 家省市各类旅游产业融合基地、农家乐、乡村旅游等，各类产业正蓬勃发展。

2017 年镇海区充分发挥海洋资源优势，将“建设港口强区、打造品质之城”作为奋斗目标，坚持“四驱动、四提升”的战略引领，通过加强规划引导、狠抓项目建设，努力拓展旅游市场，积极助推“一区两带三园”建设，成效显著。2017 年，镇海区实现旅游总收入 68.71 亿元，同比增长 19.55%，其中，国内旅游收入 66.73 亿元，增长 19.7%；国际旅游外汇收入 2937.13 万美元，增长 13.4%。接待国内旅游人数 972.93 万人次，比上年增长 18.6%；接待入境旅游人数 6.10 万人次，比上年增长 10.5%。招宝山旅游风景区、九龙湖旅游度假区、宁波帮文化旅游区、十七房景区和宁波植物园接待游客人数分别达到 159.95 万人次、134.50 万人次、92.63 万人次、54.61 万人次和 49.94 万人次，年末全区拥有星级宾馆 8 家，旅行社 5 家，A 级旅游景区（点）5 个。

镇海虽有 21 公里的海岸线，但镇海海岸线全部都是码头港口和沿海化工产业带，加上外围无岛屿、海水浑浊，因此镇海的海洋旅游呈现的基本特点就是：依托海防文化、海丝文化和宁波帮文化的滨海旅游业。针对这一实际情况，下一步镇海将围绕海防文化、海丝文化、商帮文化三大核心促进旅游与军事、文化产业融合。深入挖掘整合乡土文化资源，突出文化旅游特色，形成滨海文化旅游特色。“十三五”期间，镇海区依托招宝山、九龙湖、宁波植物园等旅游景区，通过举办九龙湖国际马拉松赛、研学旅游夏令营、“音乐汇”、绿光音乐节、光明村梨花节、金秋旅游节等节事活动，积极发展自驾露营、军事体验、休闲度假、登山骑行等新兴业态，全力打造绿色假日休闲旅游目的地。

（六）小结

与国内外其他滨海旅游城市相比，宁波市主城区距离海域较远，海洋旅游的环境氛围明显不足，且处于台风较多地区，海水水质条件有限，岸线多为泥质滩涂，缺少大规模的连绵沙滩，港口多用于工业化发展，旅游用海环境较为复杂。与建设海洋旅游经济强市的目标相比，宁波市海洋旅游业发展还存在较大差距，缺少高规格的海洋旅游开发创新平台，海洋旅游经济总量仍然偏小、发展方式比较粗放，海洋旅游市场增长的稳定性需要进一步加强，投资开发的市场秩序不够规范，都需要在加大发展力度的过程中加以解决。

第二节　温州市海洋旅游业发展情况

一、整体情况

温州位于浙江省东南部，瓯江下游南岸，有 2000 余年的建城历史，是中国民营经济发展的先发地区与改革开放的前沿阵地。温州市海域面积 1.1 万平方公里，海岸线全长 1059.1 公里，其中大陆岸线 394.96 公里，岛屿岸线 664.14 公里，江口港湾众多，沿海岛屿星罗棋布，有沿海岛礁 437 个，其中岛屿 239 个，有旅游开发价值的岛屿与大陆滨海区 42 个，主要有洞头百岛、平阳南麂列岛，西湾、苍南渔寮大沙滩，炎亭、瑞安的大北列岛和铜盘岛等。

2017 年，温州市牢牢抓好培育旅游业为“国民经济战略性支柱产业”总体目标，全力打造“独具山水情怀的休闲旅游目的地城市”，坚持改革创新，注重融合发展，突出转型升级，强化全域旅游发展，各项工作进展顺利，产业发展态势较好。

一是各类海洋旅游产品核心竞争力得到提升，平阳、苍南纳入浙皖闽赣“国家东部生态文明旅游实验区”建设，洞头仙叠岩—半屏山景区创建国家 5A 级旅游景区正在有序推进；特色小镇、旅游风情小镇、慢生活休闲旅游示范村创建工作有序开展；时尚旅游产品开发取得突破，雁荡山、楠溪江建成温州市首批低空飞行旅游基地，文成、洞头先后举行了低空飞行旅游首飞仪式；国际邮轮项目建设进展顺利，进一步明确了项目所需的旅游相关设施与服务管理要求。二是主题岛旅游取得实质性突破，洞头大瞿岛、南策岛、竹屿岛、虎头屿、鹿西岛、平阳南麂岛等旅游岛主题开发工作有序推进，洞头通过实施“小岛迁、大岛建”，先行将大瞿岛、南策岛退居还景成休闲旅游主题岛，平阳南麂列岛景区成功创成国家 4A 级旅游景区。三是海洋旅游重大项目建设扎实推进，温州市在建海洋旅游项目 21 个，总投资 57.95 亿元，累计完成投资 19.58 亿元，2017 年完成投资 5.93 亿元，成功引进姑苏园林控股集团在会昌滨河公园投资极力道时尚演艺项目，成为温州首个旅游实景演艺节目。

2017 年，全市共接待海内外旅游者 10376.14 万人次，同比增长 16.03%；旅游总收入 1150 亿元，同比增长 19.84%。其中接待国内游客 10237.06 万人次，同比增长 16.02%；接待海外旅游者 139.08 万人次，同比增长 17.24%；国内旅游总收入 1103.72 亿元，同比增长 19.99%；国际旅游（外汇）收入 68549.48 万美元，同比增长 14.52%。

2018 年，温州将强化滩涂湿地、海湾海岛海岸保护利用，推进“海洋牧场”建设，合理利用滩涂和海湾海岛海岸旅游资源，加强海岛绿化美化，构建海岛森林生态系统，建设连岛绿色生态带、环岛蓝色生态带，推进洞头国家级海洋公园建设，按照重点保护区、生态与资源恢复区、适度利用区理念进行分区管理利用，有效推进竹峙岛海域水生生物增殖区、鹿西白龙屿等海洋生态牧场建设。不断发展传统海洋旅游项目，丰富项目的文化内涵，大力开发新型旅游产品，增加参与性、互动性和娱乐性，以满足不同层次的旅游消费需求。坚持“谁投资、谁受益”的原则，走“大社会、办大旅游”的道路，广泛发动社会力量、民营资本，投入到海洋旅游开发建设事业中，招引具有高新技术水平、先进管理经验和前沿旅游项目的外商企业来投资海洋旅游项目，从而构建多元化投资体系。积极鼓励相关的滨海旅游景区申报 A 级旅游景区创建，以创建 A 级旅游景区为载体，加快滨海旅游景区的软硬件建设，打造滨海旅游精品。

二、分区概况

（一）洞头区

洞头区地处浙南沿海，瓯江口外，由 168 个岛屿和 259 座岛礁组成，总面积 2777.3 平方公里，其中海域面积 2652 平方公里，陆域面积 125.3 平方公里，岛屿岸线长 341.33 公里。洞头是全国唯一一个覆盖整个县域范围的国家 4A 级旅游景区，也是温州市唯一一个以县名冠名的省级重点风景区，有石奇、滩佳、礁美、洞幽之特色，“海外桃源别有天”之意境。

2017 年，洞头区紧紧围绕“旅游兴区”发展战略，树立“全域旅游”发展理念，全力构建“全域谋篇、全业融合、全时服务、全民参与”的旅游发展新格局，全区旅游发展呈现良好态势。

一是旅游招商引资成绩斐然。先后与梦幻海湾度假城、海霞民兵小镇、欢乐海岸乐园等 10 个旅游合作项目签订战略性框架协议，与金牡丹环球嘉年华（北京）投资有限公司正式签约“梦幻海湾”未来嘉年华项目，计划总投资额超百亿。二是海洋生态建设继续领跑。洞头国家级海洋公园以总分第五的成绩成功入选全国十大美丽国家级海洋保护区评选中，国家级海洋牧场示范区获农业部批复，成为第五张国字号海洋生态金名片。建成洞头南北爿山海域、仙叠岩、五个屿 3 个坛紫菜藻场示范区，总面积超 1800 平方米，在全国率先实施海洋围垦工程人工岸线贝藻耦合修复技术示范。三是海岛休闲旅游和海上运动快速发展。旅游新业态不断更新，洞头全国海钓邀请赛在中国海钓界的品牌影响力持续扩大，力争成为国内外具有一定知名度的“全国海钓基地”，第十届中国·洞头全国海钓邀请赛暨 2017 年“海悦城杯”全国海钓锦标赛（浙江洞头站），以“四海一家，垂钓洞头”为活动主题，吸引了大批游客前来参与。

2017 年，洞头累计接待游客 641.84 万人次，同比增长 18.61%，实现社会旅游总收入 29.36 亿元，同比增长 19.65%。

2018 年，洞头海洋旅游将始终围绕三区战略，紧扣海上花园决策部署，全力实施湾（滩）长制、蓝色海湾整治、完善旅游公共服务体系、培育旅游新业态。一是推动蓝色海湾新进度，按照“和谐美丽”海岛建设要求，抓好景观岸线、礁石保护、海滨公园、生态廊道等项目建设，配合渔村“花园村庄”推进，打造“花园渔港”，全力实现海岛生态化修复。二是不断完善公共服务体系，加大旅游市场秩序综合整治力度，高水平打造放心景区，推进旅游服务标准化，开展旅游人才培训、全域旅游统计，提升旅游信息服务水平，推进智慧旅游建设，实现“一机在手、畅游洞头”。加快推进“花园厕所”建设，完善景区配套设施。三是创新培育精致旅游新业态，发展“星光经济”，建设特色“海鲜不夜城”，举办海岛露营大会暨听海节，精心策划夜游洞头精品线路；着力实施海陆空一体游，高起点开发主题岛屿，突出“岛岛有主题”；积极打造以国际邮轮、海上帆船、游艇、水上飞机、休闲海钓等为载体的高端度假旅游活动；高水平建设海峡两岸同心小镇、海霞民兵小镇，积极培育乡村旅游集聚区、旅游风情小镇。

（二）龙湾区

龙湾区陆域面积 227.7 平方公里，海岸线全长 97.07 公里，大陆岸线 68 公里，岛屿岸线 29.07 公里，龙湾区的海岸线较长，大陆岸线以海涂为主，以海堤相隔，是龙湾区金海岸休闲旅游的主要承接地，拥有国家A级旅游景区3个，但区内缺少高等级的4A级和5A级旅游景区。

2017年，龙湾区紧紧围绕“五大发展”理念，牢牢抓好培育旅游业为“国民经济战略性支柱产业”总体目标，坚持改革创新，注重融合发展，突出转型升级，强化全域旅游发展，全力打造“山海古堡、都市休闲”的旅游形象，各项工作进展顺利，产业发展态势良好。海洋旅游产品核心竞争力得到有效提升，龙湾雅林农业文化园创建国家4A级景区的景观质量顺利通过了省级专家评估，全区A级旅游景区环境专项整治工作深入推进，特色小镇、旅游风情小镇、3A级景区村创建与培育指导有效开展。全力打造温州东部现代服务业中心，谋划建设文昌创客小镇和永昌堡文旅特色小镇。海洋旅游重大项目建设扎实推进，龙湾拥有90多公里海岸线，海涂围垦资源十分丰富，占地42万亩的瓯飞围涂工程，龙湾占据48%的份额，可为龙湾乃至温州发展提供巨大的现实发展空间，目前海滨围垦、永兴北片、南片围垦、天城围垦（部分）等都已陆续完工。金海湖湿地公园、树排沙海洋公园正在有条不紊地建设中，拟打造一个海洋科普、海洋文化展示、海洋生态旅游等多功能的海洋旅游目的地。

2017年1~11月，龙湾全区共接待海内外旅游者278.35万人次，同比增长0.2%；旅游总收入26.88亿元，同比增长13.64%。其中接待国内旅游者277.68万人次，同比增长0.6%；接待海外旅游者1.35万人次，同比减少43.93%；国内旅游收入26.82亿元，同比增长18.36%；国际旅游（外汇）收入0.065亿美元，同比减少42.94%。

2018年，龙湾区将不断强化对已开工建设海洋旅游项目的服务保障，针对投资建设中出现的具体问题制定具体、扎实的工作措施，督促施工单位上足“马力”，在保证质量和安全的前提下，加快推进项目建设进度。持续发展传统的海洋旅游项目，不断丰富项目的文化内涵，大力开发新的旅游产品，增加参与性、互动性和娱乐性，满足不同层次的旅游消费需求。广泛发动社会力量、民营资本投入海洋旅游开发事业，形成多元化的投资体系。强化国家A级景区评定标准宣传，加快滨海旅游景区的软硬件建设，打造滨海旅游精品。

（三）平阳县

平阳地处浙南滨海，沿海由于海岸长期下沉，造成众多岛屿与喇叭形海岸，海岸线蜿蜒曲折，属里亚斯型沉降式海岸。其中西湾景区，即西湾风景名胜区，是国家2A级景区，位于平阳县的东南部，从南至北可分为杨屿山、二沙、西谷仓、西湾、跳头五大景区，是以海蚀、礁岩、滩涂风光为主体的海滨、海岩型风景区；而南麂列岛位于浙江省平阳县东海海域，包括 23 个岛屿和 75 个礁石（含暗礁、明礁、人造鱼礁），海域约 162 平方公里，海岛海岸线总长度 74.66 公里，陆域面积 11.13 平方公里，最大岛屿南麂岛面积 8.09 平方公里。南麂列岛以其特色鲜明的海岛形胜、神韵迷人的崖岸奇石、令人向往的碧海金沙而享誉国内外，于 1990 年 9 月经国务院批准成为我国首批 5 个国家级海洋自然保护区之一，1998 年 12 月成为我国目前唯一纳入联合国教科文组织世界生物圈保护区网络的海岛类型自然保护区。截至 2017 年年底，南麂列岛共有酒店（包括民宿、客栈）共 120 多家，共有床位将近 3000 张，农家乐 80 多家，初步形成渔家风情聚集区。

2017 年，平阳县始终坚持以规划为引领，强化海洋旅游发展定位，编制完成《南麂列岛风景名胜区总体规划》《平阳县南麂岛旅游发展战略策划》和《西湾省级旅游度假区策划方案》等规划，高标准定位平阳海洋旅游发展方向，重点发展海洋科普考察旅游和滨海高端休闲旅游，打造国际高端海岛旅游品牌。

一是坚持以创建为抓手，提升南麂列岛旅游品牌，充分依托丰富的海洋旅游资源，努力做强做大海洋海岛旅游经济文章，全力打造海洋旅游精品，完善旅游配套，优化旅游环境，提升服务管理，创成南麂列岛国家 4A 级旅游景区。二是积极推进景区标准化建设，规范制作安装了各类旅游标识牌、公共信息符号和环卫设施，完善景区公共服务设施，启动环岛景观绿道建设，完成景区购物场所、生态停车场、A 级厕所、启动码头广场、游步道及海滨护栏等建设。以打造“南麂国际旅游岛”为目标定位，对南麂旅游进行高端化布局，同时，进一步做好“渔家乐”“农家乐”项目。三是大力推进民宿建设，完善旅游产业服务要素，进一步提升接待能力和旅游形象，引进民资 3000 万元打造迷途三盘、后隆洞穴酒店高端民宿等民宿项目落成，2017 年 1~11 月累计投入 1.53 亿元，启动南麂山庄、上校客栈、柳成山庄、腾越山庄等宾馆高星级改造，改建绿道 5 公里，全面提升景区基础配套建设。

2017 全年平阳县海洋旅游共接待游客 185.1 万人次，增长率为 23%，景区门票（包括入岛船票）收入为 2562.2 万元，海洋旅游经济总收入 145858.8 万元。

2018 年，平阳县将明确高端旅游发展定位，不断强化规划引领发展作用，建设以西湾、南麂列岛为核心的滨海度假旅游区，涵盖鳌江整个沿海区域、南麂列岛及周边海域。一是以南麂列岛保护开发为重点，适度开发科普教育、海岛度假和高端国际度假旅游产品，推出以休闲海钓、邮轮游艇、水上运动、巡游观光、海鲜美食、养生度假、商务会展为重要旅游产品的海洋休闲度假游，构筑体现浓郁海岛旅游风情。二是加快完成《南麂列岛风景名胜区总体规划》和《西湾省级旅游度假区总体规划》编制工作，抓好海洋旅游发展规划编制与实施。三是持续加大建设提升力度，巩固和深化南麂列岛创建成果，加大对南麂列岛的政策处理力度，推进北部湾—南麂列岛旅游综合开发合作尽快落地，启动南麂旅游度假区建设。四是不断强化南麂列岛海洋旅游项目开发，切实加大对海洋旅游业发展的资金投入力度，完善旅游基础设施与配套设施建设，完善游览环境，积极谋划和建设海西镇北山村一个渔村风情文化创意示范基地，打造精品民宿、酒肆（吧）、美食等特色旅游业态，构建完善南麂旅游要素和旅游产业体系，丰富旅游业态，大力发展海洋旅游购物与海洋海岛旅游信息产业，积极拓宽海洋旅游产业链，做大、做强、做足、做活海洋旅游文章。五是加强与区内洞头和福建海洋旅游互动和线路串联，实现旅游资源整合和共赢发展，推动洞头与南麂水上和空中交通建设，争取开展游艇游轮、水上飞机等高端海上旅游项目，促进“二岛一带”旅游互动，形成若干个国际海钓基地、海鲜美食基地、游艇休闲基地、海岛度假基地。

（四）瑞安市

瑞安市是浙江省海洋与渔业大市，全市行政管辖海域3037平方公里，是陆域面积的2倍多，海岸线长130.33公里，拥有500平方米以上的海岛98个。瑞安海洋旅游主要包含铜盘岛和北麂岛，铜盘岛风景名胜区海岸曲折、海水蔚蓝、山色清秀，自然风景资源独特，海岛风情浓郁，还有珍贵的人文景观，是一处以“碧海玉岛、幽洞奇岩、金沙渔火、历史珍迹”为特色，集游览、海浴、度假为一体的岛屿型风景名胜区。主要由铜盘岛、长大岛、王树段岛、荔枝岛、三姜屿、王树段儿屿、金屿7个岛屿及附近的海域组成，总面积12.5平方公里，其中陆域面积1.48平方公里。目前，铜盘岛经营权出让给浙江省东旭旅游有限公司，经过5年努力，已经投入4000万元，完成光伏离网发电、铜盘山庄和基础设施建设，但尚未向游客开放；北麂岛以村庄建设为契机，加大旅游设施投入，发展海岛民宿，吸引了大量游客观光。

2017年，瑞安强抓品牌创建，不断推进旅游新发展。一是推进旅游项目建设，以市场为导向、以大项目为载体，深入挖掘瑞安的山、水、海、人文等旅游资源，策划、包装高楼水上慢城综合体、福泉山森林公园、北麂全域旅游开发等12个引领作用大、经济效益高的旅游项目，促成福泉山森林公园·欧盟商旅小镇项目，拟建设集山地、森林休闲、娱乐、度假于一体的服务综合体，按“一会一街两核四心”空间布局的小镇。二是推进智慧旅游建设，完成3个景区客流量分析、5个景区微信语音导览等系统建设，完成全市107个点的旅游数据采集工作，景区Wi-Fi、多媒体互动屏、景区信息发布屏、智慧旅游体验点等智能化项目已正常运行，旅游门户网站、微博、微信等旅游资讯平台进一步完善。三是推进 A 级旅游景区和 A 级景区村庄创建，以全省万村景区化建设为契机，打造一村一品、一村一景、各具魅力的美丽乡村，申报创建国家 A 级旅游景区 2 个、浙江省 A 级景区村庄 18 个。推进省市级特色旅游产品创建，申报创建省级特色旅游产品 3 个、温州市级特色旅游产品 6 个。四是提升旅游行业管理水平，坚持“365 天 24 小时”全天候受理投诉制度，认真履行“有诉必理、有理必果”承诺，做到旅游投诉分秒不停、无缝对接。通过“3・15”消费者权益保护日、“5・19”国家旅游日、“9・27”世界旅游日等活动，发放旅游维权宣传资料 4000 余份，引导游客合理维权。

2017 年，瑞安市共接待游客 957.2 万人次，同比增长 5.3%，其中国内旅游者 939.18 万人次，同比增长 4.84%，入境旅游者 180235 人次，同比增长 36.3%，实现旅游总收入 1144135.22 万元，同比增长 4.84%。

2018 年，瑞安将紧紧围绕“加快融合发展，打造至美瑞安”目标，进一步整合旅游资源，优化旅游发展软硬环境，狠抓旅游项目建设，努力做大做强旅游产业，促进旅游业健康、持续、快速发展。一是做好“要素驱动”文章，谋求旅游业转型发展，通过客流量分析系统明确目标市场，依靠新媒体平台做好瑞安旅游目的地宣传，并加强同沪杭宁、闽北等地的区域合作，谋划举办露营大会、高楼杨梅文化节、湖岭“乡村部落”文化旅游节等丰富节庆活动。二是做好“产业提升”文章，完善旅游产品体系，启动桐溪景区创 4A 级景区前期工作，完成湖心岛林相改造工程及环湖游步道规划设计、金安教练场产权购置等前期工作。推进寨寮溪景区改造提升，完成寨寮溪风景名胜区标识物建设、东源木活字印刷展示馆旧馆维修等工程，结合全域旅游示范县（市、区）、A 级景区村庄等创建目标，启动旅游厕所革命新三年行动计划。三是做好“融合发展”文章，提升旅游主题形象，围绕高楼、湖岭、马屿等旅游资源丰富、生态环境优美的乡镇，继续做好“旅游 +”的文章，推进省市级特色旅游产品创建；以旅游产业与农业、林业、体育、文化等相关产业融合发展为主要手段，打造康体保健、美食养生、民俗风情、运动休闲等特色休闲旅游产品，重点推进侨贸小镇 3A 级旅游景区创建，满足不同层面游客需求。

（五）小结

温州滨海旅游发展取得了一定的成绩，但同国内先进沿海旅游城市相比还有很大的差距，发展过程中还存在许多问题，海洋旅游资源开发缺乏宏观指导和协调，“大产业、小管理”的管理体制尚未得到解决，海洋旅游资源由众多部门分割管理，政出多门，难以形成协调发展的有效机制；海洋旅游开发的深度和广度还远远不够，目前仅限于滨海陆域部分，海岛开发深度远远不够；投入不足，基础设施滞后，尤其是旅游服务设施、交通条件还需进一步改善，景区可进入性较差，接待容量、接待能力难以满足旅游业发展的需求，游客停留时间较短，难以充分发挥旅游带动当地经济发展的作用。

第三节 嘉兴市海洋旅游业发展情况

一、整体情况

嘉兴市的滨海旅游资源主要分布在平湖、海盐、海宁的滨海岸线区域，呈现带状分布，共有 8 个主类、479 个旅游资源单体，自然旅游资源和人文旅游资源均拥有较多的单体、较高的储量，种类比较丰富。尤其是三级以上的旅游资源有 127 个，占资源总数的 26.5%。其中，九龙山国家森林公园、南北湖风景区、海宁潮、盐官古城、乍浦炮台等，都是具有嘉兴滨海特色的旅游资源，具备较高的开发价值。嘉兴滨海岸线山海交融，自然资源丰富，具有海、岛、桥、礁、潮、滩涂、沙滩、港口、核电、乡村、古城等多种自然生态景观，人文资源独特，古今并存。众多滨海资源，互补性较强，但目前尚未发挥资源优势，亟须有效组合整体开发。

2017 年，嘉兴市以打造运河国际旅游休闲城市为目标，扎实推进各项任务，产业运行态势良好。一是抓改革优环境，推进全域旅游发展，建立由县（市、区）政府以及 29 个市级部门（单位）组成的全域旅游工作联席会议制度，成立由市委副书记任组长、分管旅游和农业两位副市长为副组长的市村庄景区化创建工作领导小组，全力推动示范区建设。二是抓产品调结构，加快转型升级，深入实施大项目战略，完善重大项目领导联系、跟踪服务、季度通报三项制度，推动旅游大项目开发进度；坚持“创建、整治、提升”三并重，提升省、市两级特色小镇旅游功能，加快传统旅游企业转型，新评品质旅行社 1 家、省级特色文化主题酒店 2 家、四星级饭店 1 家；按照“一体两翼”的总体布局，启动编制“月芦文杉”整体开发概念规划，全力打造以“一宿一品”为特点的主题客栈集群和展现江南水乡慢生活的精品文化街区。三是塑品牌强服务，提升旅游形象，实施城市旅游品牌新形象策划与营销设计、整体形象宣传片拍摄制作、OTA 在线旅游服务商推广营销三大工程，筹备召开“嘉兴旅游新品牌发布会”，全面提升运河国际旅游休闲城市形象；主动作为“接轨上海”“与沪杭同城”战略，开展以长三角为重点、辐射国内外的营销推广；大力发展智慧旅游，启动编制《嘉兴市智慧旅游建设发展规划》，开展综合管理服务平台建设，建成专业数据库和大数据中心。四是抓监管补短板，不断夯实发展根基，成立由 11 个市级部门组成的旅游安全专委会，制定重要领域、重大时段、重点部位多个专项整治方案，建立消防安全、食品卫生、隐患整改、秩序整顿、法制宣传“五合一”检查制度；制定《市旅委行政执法全过程记录制度》《市旅委重大行政执法决定法制审核制度》等多项制度，配备执法记录仪，联合开展打击金融诈骗、查处“站外组团”等专项行动；制定《嘉兴市旅游产业人才引育工程实施意见》，旅游人才纳入市委“1+1+X”政策体系；启动全域旅游统计改革，召开全市动员大会，制订产业测算、产业界定等工作方案，开展国内旅游、入境游客花费情况抽样调查。

2017 年，嘉兴市累计接待海内外游客 9214.81 万人次，旅游总收入 1026.09 亿元，分别增长 16.7% 和 20.6%。其中，接待外国、中国港澳台游客 71.52 万人次，增长 1.12 %，旅游外汇收入 2.26 亿美元，增长 4.29%；接待国内游客 9143.29 万人次，增长 16.9%，国内旅游收入 1010.84 亿元，增长 20.8%。

2018 年，嘉兴将重点构建立体化空间发展格局，以平湖九龙山旅游度假区、海盐南北湖风景名胜区、海宁百里钱塘观潮旅游区等为龙头，依托嘉兴海岸线和岛屿海域，以及平湖、海盐、海宁等旅游城镇，构建“海陆空”联动的立体化空间发展新格局，并实现嘉兴滨海旅游的规划共绘、设施共建、市场共拓、服务共享、品牌共创，推动旅游经济增长方式的转变，提高杭州湾嘉兴滨海旅游的发展水平。着力开发特色化旅游产品体系，依托“山、海、湖、潮、城、村、桥、岛”八大资源元素，围绕海滨、海岛、海面、海空和海陆，做足“滨海”文章，建立不同层次、不同特色的旅游产品体系，推动滨海旅游业从观光型向休闲度假型的转型升级。积极营造全域化的旅游发展环境，将滨海旅游产业与一二三产有机融合，结合海洋渔业、核电工业、临港工业、文化创意产业、现代农业、影视产业、旅游地产、养生养老产业、商贸服务、物流交易、港口码头、交通网络等，打造“吃、住、行、游、购、娱”六大要素齐全，全域休闲化、智慧化、生态化的滨海旅游发展环境。建设多元化旅游交通体系，在现有交通基础上，从大旅游的角度出发，构建“海、陆、空”相衔接的多元化、便捷化、先进化的滨海旅游“大交通”网络。建成定位准确、产品多元、业态新颖、特色鲜明的杭州湾嘉兴滨海旅游休闲度假带，积极融入国际化、现代化的上海大都市旅游圈，同时与绍兴、宁波、舟山等滨海城市互为呼应，共同组成中国东方蓝色水岸旅游城市链，实现浙江省“北翼”杭州湾沿岸区域旅游的新崛起。

二、分区概况

（一）平湖市

平湖市作为国家长三角区域发展、海洋发展两大战略的交会点，和全省海洋经济发展“两翼”布局的重要组成部分，拥有独特的区位优势、浙北最好的建港条件、巨大的海河联运潜力和广阔发达的经济腹地，是杭州湾北岸发展海洋经济潜力最大的区域。九龙山旅游度假区为平湖市海洋经济发展示范区重点实施范围，是浙江省杭州湾北岸唯一的滨海旅游度假区、浙江省首批现代服务业集聚示范区，目前已经成为杭州湾北岸加快海洋旅游经济发展的重要区域。

2017 年平湖市始终以创建国家级旅游度假区为目标，坚持“国际化、精品化、特色化”定位，不断加大滨海旅游项目建设力度。一是加快九龙山旅游度假区开发建设，累计有游艇俱乐部、马会俱乐部、高尔夫俱乐部、赛车赛马俱乐部、自行车俱乐部、拓展俱乐部、海钓俱乐部、航空俱乐部八大俱乐部以及圣马可假日酒店等配套项目建成投入营业，有力地推动了平湖旅游业的发展。二是举办赛事活动提升滨海旅游业，九龙山旅游度假区通过举办皇家礼炮王者杯马球赛、慈善马球赛、帆船比赛、九龙山旅游节、（浙江）环杭州湾国际休闲产业合作峰会、马术嘉年华等赛事活动，吸引了大批长三角地区高层次精英来平湖参与运动休闲比赛活动，提升了九龙山的知名度和品牌。三是加大培育力度发展特色餐饮业，发展乍浦山湾渔村和独山海鲜街等特色餐饮，加强对山湾渔村及独山海鲜街餐饮经营户的引导与扶植，组织经营户进行业务培训，同时加大对山湾渔村和独山海鲜街公共设施的投入及环境的整治力度，山湾渔村先后建起了社区卫生室、大型停车场、污水处理系统等作为发展农家乐产业必备的硬件配备。四是紧抓景区创建提升滨海品牌旅游业，坚持以创建国家级 4A 级旅游景区为目标，扎实推进九龙山旅游度假区的项目建设，全力推动品牌创建。

2017 年，平湖市总计接待游客约 906.89 万人次，同比增长 19.18%，实现旅游收入 94.04 亿元，同比增长 18.55%。

2018 年，平湖将围绕省级全域旅游示范市创建，以“全域思维、打造亮点，转型升级、培育品牌，化解矛盾、促进开发”为目标，做好规划引领、招商引资、项目推进、旅游经济发展和旅游铁军打造等重点工作。一是按旅游资源的脉络关系规划旅游，编制并实施《平湖市全域旅游发展规划》，突出旅游产品开发、宣传营销、文化产业发展、生态保护、综合交通体系构建等内容。二是以九龙山度假区为主题，推动开发主体加大项目招商力度，创建国家级度假区、航空运动特色小镇。三是推进九龙山基础设施建设，加快度假区南区污水管网等基础设施建设，实施海神湾、海角城堡红线地块外侧堤坝防潮标准提升工程，完成西沙湾炸礁疏浚工程。全面推动度假区道路、绿化、供电、亮化等基础设施优化工程。

（二）海盐县

海盐地处浙江海洋经济战略一核二翼的北翼，拥有约 53 公里长的海岸线，是浙北海岸线最长的县（市），沿海岸线分布着南北湖风景区、白塔山岛群、海滨公园、白洋河湿地公园、鱼鳞海塘、秦山核电站、杭州湾跨海大桥等较为丰富的特色旅游资源，山、海、岛、滩涂、近海生物等海洋旅游资源极为丰富。同时，海盐具有深厚的历史文化底蕴，盐文化、海塘文化、港埠文化、宗教文化、名人文化突出，与海洋旅游资源、江南水乡旅游资源形成了良好的互补。在浙江大力发展海洋经济大背景下，特别是随着浙江山水六旗国际旅游度假区项目的建设，海盐发展滨海旅游助推海洋经济大发展的前景广阔。

嘉兴市滨海旅游的第二重奏为湖海休闲，即以海盐南北湖风景区为核心，通过打造大桥生态湿地公园、澉浦古城和黄沙坞休闲小镇，重点突出“湖”文化，形成南北湖景区、澉浦古城、黄沙坞休闲小镇、核电主题公园、湿地公园、渔人码头、“五味村”等相融合的“湖海休闲”合奏曲。滨海旅游是海盐旅游业发展的新特色和新方向。2017 年海盐县旅游产业发展势头迅猛。海盐旅游在县委、县政府的高度重视下，近年来呈现出良好的发展势头。从 2012 年旅游总人数 386.93 万人次，旅游总收入 34.02 亿元，增长至 2017 年接待旅游总人数 856.82 万人次，旅游总收入 77.58 亿元，连续 4 年实现旅游人次和收入的双增长，年均增长率达 18% 以上。

“十三五”期间，海盐县将围绕“打造现代化滨海宜居城市”的目标，整合滨海沿线旅游资源，串联南北湖风景区、秦山核电、滨海新城、山水六旗、跨海大桥等旅游景点，建设 15 公里自行车绿道线路、渔人码头等项目，依托自身旅游资源的特色和优势，开发建设旅游新业态、新产品，以适应多层次游客需求。

（三）小结

嘉兴海岸线长 74.1 公里，海域面积 1559 平方公里，岛屿 32 个，而宁波海岸线长 778 公里，海域面积 9758 平方公里，海岛 531 个，舟山海域面积 2.08 万平方公里，岛屿 1390 个，与宁波、舟山相比，无论海岸线、海域面积还是岛屿，嘉兴都处于弱势。近年来，嘉兴利用“河、湖、江（潮）、海”等丰富的水资源优势，打造了钱江潮国际旅游、南湖红色旅游、乌镇水乡旅游等品牌，但在滨海旅游发展上，总体定位尚不明确，区域发展不够平衡；在开发建设上，主体较多，协调较难，滨海资源开发利用层次不高。且滨海旅游产品仍以观光型为主，产品未成体系，尤其缺乏滨海文化体验、滨海康体运动、滨海高端休闲以及滨海风情古城等创新产品，尚未树立起嘉兴滨海旅游的品牌形象。

第四节　舟山市海洋旅游业发展情况

一、整体情况

舟山市位于浙江省东北部海域，是我国最大的岛屿、最大的渔场所在地，也是我国唯一的群岛型地级市，其背靠上海、杭州、宁波三大城市群，区位优势明显，海洋文化、岛礁资源丰富。全市陆域面积 1371 平方公里，海域面积 22000 平方公里，拥有 1383 个海岛，海岛岸线总长 2388.34 公里。《舟山市旅游资源普查报告》显示，舟山群岛旅游资源共有 8 个主类、26 个亚类和 100 个基本类型，旅游资源单体 858 个，其中 219 个为优良级旅游资源单体。舟山是典型的海洋性季风气候，冬暖夏凉，气候宜人，优越的地理位置、丰富的旅游资源、舒适的气候，是舟山发展海洋休闲旅游无可取代的优势。

2017 年，旅游系统以建设“国际著名的海岛旅游休闲目的地和世界一流的佛教文化旅游胜地”为目标，以国际海岛旅游大会为契机，围绕国家全域旅游示范区创建，服务“四个舟山”建设，持续推进旅游项目建设、产品开发和品牌提升，完善旅游设施和服务，丰富业态内涵，强化市场监管，各项工作取得明显成效。一是以海岛旅游大会为抓手，提升舟山群岛旅游国际美誉度，大会组织了开幕式、“一带一路”国际海岛旅游发展舟山论坛等 12 项主题活动和 4 项配套活动，吸引了 45 个国家和地区、55 个境外代表团，1300 余名中外嘉宾参会。二是以全域旅游为载体，打造“中国海上花园城市”，制定了《关于推进国家全域旅游示范区创建的指导意见》《舟山市创建国家全域旅游示范区实施方案》，成立了以市政府主要领导为组长的国家全域旅游示范区创建领导小组，建章建制不断加大旅游统筹发展力量，加快舟山旅游“全景打造、全域推进”步伐。三是以项目建设为引擎，加快旅游新旧动能转换，抓紧跟踪对接旅游重大项目，加快推进旅游类小镇建设，依托全市旅游咨询服务体系建设，在景区、旅行社、酒店试点推行电子门禁、电子商务、电子统计送等信息化管理工具，逐步构建现场、网络、热线“三位一体”“线上线下”顺畅对接智慧旅游体系。四是以供给侧改革为导向，推动旅游产业转型升级，不断培育海岛旅游领军产品，大力发展邮轮、游艇等海洋旅游经济，打造一批体现舟山特点元素的“岛居舟山”精品民宿，构建具有舟山特色的旅游产品体系。五是以提升服务为中心，促进旅游行业品质升级，围绕“将旅游业培育成为人民群众更加满意的现代服务业”为工作目标，不断加强旅游行业服务品质化建设，强化旅游市场监管，全面改善旅游市场环境。

2017 年，舟山全市共接待境内外游客 5507.16 万人次，同比增长 19.45%；实现旅游收入 806.65 亿元，同比增长 21.92%。旅游业日益成为舟山海洋经济发展新的经济增长点。

2018 年，舟山旅游工作将根据国家旅游局“美丽中国—2018 全域旅游年”的要求，以省旅游局“上山 下乡 出海”工作总思路和市委、市政府“四个舟山”建设为引领，紧紧围绕打造千亿元旅游产业的目标，以创建国家全域旅游示范区为主线，围绕“一区两化两地”的总体要求，推进“一二三四”发展策略，通过机制创新、自加压力，实现全市旅游跨越式发展的目标。

“一区两化两地”总体要求：即积极创建国家级全域旅游示范区，以人文旅游精品化和海洋旅游国际化为发展方向，全力打造国际著名的海岛休闲旅游目的地和世界一流的佛教文化旅游胜地。

“一二三四”发展策略：“一”即打造“一个品牌”，“四个舟山”和海上花园城市建设的有关要求，塑造舟山新区“中国海上花园城市”整体品牌形象，国际对标新加坡，国内对标杭州市，打造亦城亦景的“世界海岛公园”城市。“二”即突出“两大主题”，紧扣舟山“两地”建设的主旋律，既要健全以休闲度假为核心的海洋旅游业态，又要突出以观音文化为核心的人文旅游内涵。“三”即实现“三个突破”，分别在旅游经济效益、全域旅游发展、智慧旅游发展上有所突破。“四”即创新“四全攻略”，实施全景打造，提升传统景区景点、打造新兴景区景点、完善非景区旅游功能；实施全域推进，推进全域旅游管理体制改革、推进旅游标准化建设、加大项目招引和建设力度、塑造舟山海岛旅游新IP；实施全面融合，加快渔（农）旅融合、工旅融合、文旅融合、商旅融合、体旅融合；实施全线提升，丰富特色旅游产品、提升市场有效营销、提高行业管理水平、大力发展智慧旅游。

二、分区概况

（一）定海区

定海区总面积1444平方公里，陆地面积568.8平方公里，海域875.2平方公里，拥有海岸线447.73公里，共有大小岛屿128个，128个岛屿宛如一串串璀璨的明珠撒落在碧波万顷的东海洋面上，其中南部50多个岛屿，逶迤海面，犹如海上盆景，美不胜收。定海是舟山政治、经济和文化的中心，全国唯一的海岛历史文化名城，曾是平倭之战、鸦片战争的主战场之一，也是今日的东海前哨、国防重地。定海的海洋民俗文化丰富多彩，有舟山锣鼓、跳蚤舞、木偶戏、翁州走书和舟山渔民画，以及老百姓在生产生活实践中积累的如渔工号子、田头山歌、打夯号子、龙舞、彩旱船舞等，都具有鲜明的海洋文化特色。节庆活动也非常精彩，除了传统节日外，还开展了每年一次的海洋文化节等大型海洋文化主题活动。

“十三五”以来，定海立足自身优势，着力推动旅游产业跨越发展，按照“把旅游业培育成国民经济的战略性支柱产业和人民群众更加满意的现代服务业”的指导思想，以建设中国（浙江）自由贸易试验区的“城市会客厅”为目标，围绕全域旅游，创新发展模式，加强基础设施建设，实施旅游精品战略，加快旅游产业优化升级。一是构建了全域旅游的体制基础，逐步从原先点上的“五区一基地”格局向面上的“三个带”转变，初步确立了“定海湾区带”“都市环城带”“中部生态带”。二是形成了良好的产业布局和要素基础，通过加强规划引导、加大投资建设、持续品质提升、引进新型业态和完善基础设施等手段，不断深化和优化产业布局，形成了东海大峡谷、新建生态村、册子月亮湾风景区、南部诸岛、中大街等布局全区东西南北中的产业框架。

截至2017年年底，全区旅游接待人次和旅游总收入分别从2011年的457.50万人次、44.8亿元增长至1157.34万人次、164.8亿元，分别增长了153%和279%，并且旅游接待量和总收入已经连续三年同比增长超 18%，假日游客出游意愿强烈，海岛乡村旅游产品火爆，古城休闲游人气持续升温，自助游出行呈现增长趋势，逐渐实现由旅游发展的初级阶段向微旅游为主的全新阶段转变，从景点旅游走向全域旅游。目前，定海区域内共有东海大峡谷、南洞艺谷、万花谷、传奇庄园等 A 级景区 17 家，其中 3A 级景区 2 家，2A 级景区 7 家，A 级景区 8 家；有各类宾馆饭店 294 家，其中星级旅游饭店 6 家，绿色饭店 6 家，床位数共计 12281 张；有旅行社 37 家，其中四星级旅行社 4 家，三星级旅行社 2 家；有农家乐 90 余家；从业导游 412 名；有省级果蔬采摘旅游基地 3 个；有舟山群岛海港旅游服务中心、舟山旅游集散总站等交通集散中心 2 个（B 类），南洞艺谷、东海大峡谷、册子月亮湾等景区游客中心 3 个（C 类），社会宣传网点 14 个（D 类），以及古城驿站 1 个；重要景区（点）逐步新增改造旅游厕所共计 20 余座；有舟山海岛休闲示范点 4 个；省级劳模休养基地接待站 5 家，区级 11 家（见表 2-1 和表 2-2）。

表 2-1　定海区旅游资源调查一览表

序号	景点名称	资源等级	资源类别	景点位置
1	东海大峡谷	3A	自然	定海区双桥街道狭门村
2	南洞艺谷	3A	人文 + 自然	定海区干览镇新建社区
3	马岙旅游区	2A	自然 + 人文	定海区马岙街道
4	传奇庄园	2A	自然	定海区白泉柯梅社区和合村
5	万花谷	2A	自然	定海区岑港高速入口旁
6	舟山大桥展馆景区	2A	人文	定海区金塘西堠门大桥收费站口
7	舟山鸦片战争文化公园（含柳永文化广场）	2A	人文	定海区竹山门路 1 号
8	册子月亮湾风景区	2A	自然	定海区岑港街道册子岛门头山
9	徐正国博物馆	2A	人文	定海区环城南路 453 号
10	钓琅湾	A	人文	定海区北蝉乡星马社区
11	小沙旅游区	A	人文	定海区小沙镇庙桥陈家村
12	定海中大街	A	人文	定海区中大街
13	舟山名人馆	A	人文	定海区总府路
14	金塘李子苑	A	自然	定海区金塘山潭社区树弄村

续表

序号	景点名称	资源等级	资源类别	景点位置
15	马岙祥农采摘园	A	自然	定海区马岙街道现代农业园
16	匈牙利馆	A	人文	定海区盐仓街道
17	万锦湖渔庄	A	自然	定海区白泉镇电厂路

表 2-2　定海区旅游接待设施（星级酒店）调查一览表

序号	酒店名称	酒店等级	酒店地址	床位数（张）
1	舟山新钻石楼大酒店	四星级	定海人民南路 176 号	213
2	舟山市香楠大酒店	三星级	定海环城南路 548 号	141
3	舟山市博雁城市假日酒店	三星级	定海气象台路 228 号	125
4	舟山新金海饭店	三星级	定海环城南路 321 号	138
5	定海高佳庄大酒店	三星级	定海区东海东路 48 号	86
6	舟山市定海华亭宾馆	二星级	定海人民南路 82 号	77

定海旅游在进入“十三五”规划后，开始从原先点上的“五区一基地”格局向面上的“三个带”转变，初步确立了“定海湾区带”“都市环城带”“中部生态带”的全域旅游产业格局。2018 年起，定海旅游将以“四大举措”推进全域旅游发展，即：以湾区的理念打造定海旅游，深化产融结合；以故事的形式开发定海旅游，加强产业融合；以事件的方式放大定海旅游，强化宣传营销；以大数据的应用引领定海旅游，加快市场开拓。从而全面提升城市的旅游功能，重点抓好“五化”建设，即：环境建设功能化、基础设施景观化、文化氛围个性化、旅游服务配套化、人际环境亲情化，全力推进花园式国际人文港城建设，拉动定海向旅游城市发展。一是以大湾区的理念打造定海旅游，高水平规划定位，凸显定海“山海城”融合发展的特色，着力促进古城旅游个性化、特色化、品质化发展。二是以大故事的形式开发定海旅游，整合文化旅游资源，开发“故事定海”系列文创、推出“老定海一桌菜”、设计定海旅游 logo 及 VI。三是以大事件的方式放大定海旅游，制造连续的事件波，通过项目建设引发大事件发酵、通过节庆活动引导全民参与、通过话题营销制造旅游热点事件，借此扩大影响力，实现经济效益和品牌效益的共赢。四是以大

数据的应用引领定海旅游，从导航、导游、导览和导购四个基本功能出发，打造定海智慧旅游公共服务平台、加强智慧景区建设、引导和帮扶旅游企业深化与互联网企业和 OTA 平台的合作，从而扩大企业和定海旅游整体品牌影响力。

（二）普陀区

普陀区共有大小岛屿 455 个，其中 32 个岛有人居住，总面积 6728 平方公里，其中海域面积 6269.4 平方公里，陆地面积 458.6 平方公里，海岸线总长 787.87 公里。境内拥有国家级风景名胜区普陀山（朱家尖）和桃花岛等著名旅游景区。独特的自然环境、海洋文化、佛教文化，使得普陀拥有“中国优秀旅游城市”“国家级生态示范区”“中国海鲜之都”“浙江省首批旅游经济强区”“浙江十大世博旅游名城”“国家首批旅游综合改革试点城市”“浙江省海洋旅游综合改革试验区”等众多荣誉称号。

2017 年，普陀区围绕“打造自贸港区先行区、海上花园城会客厅，建设高度开放富有活力的幸福普陀”中心工作，应势而谋、强势而为、乘势而上，紧抓“国家和省级全域旅游示范区创建 ”这一主线，在管理体制、项目推进、行业管理、营销推广上下功夫、出实招，实现旅游产业发展量质齐升。一是改革强基，重构发展体制机制，按照国家旅游局倡导的“1+3”旅游综合管理和协调机制创新要求，以“四个改革”为重点实施集中攻坚，进一步理顺关系、集聚合力，在区公安分局、区市场监管分局、区法院分别设立旅游警察、旅游市场检查大队、旅游巡回法庭，在全市首创建立海上“旅游警察”巡逻队，形成长效常态的现代治理机制。二是项目引航，优化产品供给结构，坚持将招商引资抓实项目作为关系旅游发展的一号工程高位推进，全力培育全域旅游多元产品，指导沈家门渔港小镇顺利通过国家级 4A 级景区景观质量评审，制发 4A 级景区创建方案和任务书，推进万村景区化工作，开展省级 A 级景区村庄创评，助推精品民宿和民宿集聚区发展，引导建成“居舢”“东极故事”“砂砾家美好生活研究所”等 10 家精品民宿，培育休闲旅游新业态，推进旅游与其他产业融合发展。三是环境提质，升级城市旅居功能，深入贯彻“普惠共享、乐居畅游”理念，树问题导向、应游客需求，持续助力旅居相宜的城市建设，率先建成旅游大数据中心，实现旅游 OTA 服务质量监控、全域旅游数据监测中心、景区监控、旅游应急数据平台、Wi–Fi 探针智能数据平台等功能集成，持续完善旅游公建配套，规范旅游交通标识，城区旅游交通标识牌一期工程完成验收，深入整治旅游综合环境，联合制发《普陀区 2017 年旅游环境综合整治工作方案》。四是营销重效，突出城市品牌形象，按照“深耕长三角、放眼新市场”策略定位，集约资源、健全体系、精准投放，加大全域旅游目的地形象推广力度，与携程旅行网建立战略合作关系，依托其强大的营销平台开展全年营销合作，制作发布全域旅游创建视频、《普陀情》旅游歌曲、双语版全域旅游手绘地图、城区休闲餐饮娱乐导览图等宣传资料，多渠道、多维度宣传普陀旅游，精心设计包装疗休养主题线路，对杭州、台州、温州三地市场予以集中攻克。五是管理贯标，提升行业服务品质，从教育培训、诚信倡导、实地指导、政策激励等多方面入手，引导旅游企业走标准化、高品质发展之路，修订完成《普陀区星级导游员管理办法》，在规范复核程序基础上扩大导游受惠范围，全面落实安全管理责任制，做到责任到位与制度健全、日常检查和专项整治、理论培训与实际操作“三个结合”，突出抓好党的十九大、互联网大会、旅游旺季、黄金周、安全生产月等重要事件和节点的安全维稳工作。

2017 年，普陀全年累计接待游客 3281.29 万人次，同比增长 18.3%，创旅游收入 411.47 亿元，同比增长 26.7%（以上数据均包含普陀山），收入增幅位居全市首位。为迎接省旅游局的省级全域旅游示范区验收，全体干部职工上下齐心，在创建工作推进会、任务追加会、台账制作、现场核查等基础性工作上连续作战，充分体现了旅游人的担当和作为，在全省旅游工作会议上获评全省全域旅游示范区创建工作先进单位，在全市旅游工作年度考核中位居全市第一。

“十三五”期间，普陀区将持续以“全景普陀”为主题，创建国家全域旅游示范区，构建“一心一湾三岛群”大格局。“一心”指沈家门本岛核心发展区，“一湾”即活力“普陀湾”，“三岛群”包括“六横—虾峙”临港产业岛群、“普陀山—朱家尖”休闲旅游岛群和“中街山列岛”生态经济岛群。

（三）岱山县

岱山县位于舟山群岛中部，由岱山、衢山、大小长涂山、秀山、大鱼山等 379 个岛屿和 256 个海礁组成，全县总面积 5242 平方公里，其中海域面积 4936.2 平方公里，陆地面积 326.8 平方公里，海岸线长 692.94 公里，岱山县自然景色秀丽，海岛风光宜人，自古就被誉为“蓬莱仙岛”。1991 年，由浙江省人民政府批准正式列入省级风景名胜区。随着东海跨海大桥、杭州湾大桥及舟山连岛大桥的建成，岱山县成为舟山接轨中国第一大都市——上海的第一站，被纳入上海 2 小时交通圈。

2017 年，岱山以“五大发展理念”为引领，紧紧围绕打好“五大会战”、建设“四个岱山”目标，旅游工作扎实开展，共有旅游相关项目 25 个，完成投资 4.2 亿元。一是突出旅游业发展顶层设计，启动编制岱山全域旅游总体规划，完成秀山创 4A 级景区规划，完成海岬公园长漕情人岛栈道平台设计和摩星山观景平台建筑设计。二是做好招商项目储备，集中力量包装重点旅游项目，积极开展“走出去，引进来”招商工作，形成鹿栏小镇、海岬公园、东沙古镇等为重点的旅游招商项目储备库。三是推进重点项目及业态发展，全面开启景区相关改造提升工程，完成海岬小镇、鹿栏晴沙景区、游客服务中心、双合石壁景区等重点区域的提升改建，正式启动秀山岛 4A 级景区的创建工作；出台《岱山县渔农家民宿发展扶持办法》，对渔农家民宿实行投资贴息和民宿安全设施配置补助政策。四是加快旅游基础设施建设，加速推进美丽海岛工程，按照一村一品、一村一景的要求，推进上船跳徐福文化村、龙头休闲渔村、小岙特色民宿村等一批精品渔村建设；实施智慧旅游工程，加大全县主要景区 Wi-Fi 的覆盖建设；搭建智慧社区公共服务平台，继续完善平台旅游推介、旅游服务等功能，全力打造智慧旅游惠民工程；开展“厕所革命”，对全县旅游厕所的改建、新建进行督促。五是抓监管优服务，实施旅游标准化建设，出台民宿、滑泥、夜排档、海岛骑、古镇游和休闲渔业游服务规范；优化旅游交通服务，对三江—高亭客滚轮航班季节性加密，开通衢山—沈家湾高速客船航线，开通旅游大巴绿色通道，缩短游客候渡滞留时间。六是加强对外宣传营销和市场拓展，实施精准营销，参加 2017 国际海岛旅游大会、义乌国际旅游商品博览会、上海黄浦区四季旅游销售洽谈会等重大会议；加强文化促旅、节庆活旅，举办中国海洋文化节暨休渔谢洋大典、秀山滑泥节、全国沙滩（海岛）露营大会暨岱山听海节、岱西葡萄游园节等旅游、文化节庆活动，不断打响“东海蓬莱·仙岛岱山”品牌。七是强化旅游发展机制保障，建立旅管委季度会议制度，对各乡镇、部门实行工作月报、季报制度，由旅管委办公室对各成员单位工作进展情况进行通报；组建完成岱山县旅游发展公司，行使旅游投融资功能，为岱山旅游发展建设提供保障；整合公安、消防、海洋渔业、旅游等部门力量，加大旅游安全监管力度；创新服务方式，提高服务效能，积极推进和落实“最多跑一次”和“一窗受理、集成服务”改革工作，实现行政许可和其他权力事项五星服务。

2017 年，岱山县共接待游客 552 万人次，同比增长 20.3%，其中景点游客人数 226.5 万人次，增长 68.2%；实现旅游收入 78.77 亿元，同比增长 20.8%。团队（含疗休）人数同比增加 32%，到岱山旅游人次增加 31%。

2018 年，岱山将围绕全域旅游建设，实施“1246”工程。一是围绕一个主题，继续依托海岛海滨、自然生态、文化古镇等资源，围绕“原味海生活、仙境岱山岛”主题形象，重点开发滨海旅游、乡村旅游、文化旅游、运动健康产品，使“东海蓬莱　仙岛岱山”的旅游形象更加鲜明。二是抓住两条工作主线，重点抓好规划编制和项目建设两条工作主线，做好全域旅游和海岬小镇两大规划编制，出台全域旅游工作方案和实施细则，全面启动《岱山县风景名胜区总体规划》；集中资金，全力打造精品项目，开展海岬公园景区的环境整治、情人岛配套设施建设，开展祭海坛提升改造工程，做好秀山创国家4A级景区工程。三是做好四个提升，做好民宿业规范提升，引导民宿经营和建造者在建筑设计、服务水平及文化营造上下功夫；做好旅游服务提升，全面出台民宿、滑泥、夜排档、古镇、海岛骑游等服务规范；做好产业融合度提升，以“旅游+”为主要抓手，推动全域旅游；做好市场热度提升，推出特色旅游线路，开发反季节（非旺季）产品。四是做好六大保障，强化体制保障，探索成立旅委，解决“大旅游”产业的决策、协调问题；强化资金保障，优化配置组建旅游集团；强化人才保障，培养和引进多层次旅游人才；强化政策保障，及时兑现原有政策；强化项目保障，打赢招商引资大会战；强化安全保障，确保全年旅游活动有序开展。

（四）嵊泗县

嵊泗县地处长江黄金水道出海口，是浙江省最东部、舟山群岛最北部的一个海岛县，全县有大小岛屿404个，其中百人以上常住岛屿13个，陆域面积86平方公里，海域面积8738平方公里，拥有海岸线459.8公里。嵊泗是中国唯一的国家级列岛型风景名胜区，素有“海上仙山”的美誉，具有“碧海奇礁、金沙渔火”等原生态旅游特点，已被认定的风景点有50多处。嵊泗列岛风景名胜区划分为四个景区，即以碧海金沙、渔家休闲、海鲜美食为特色的泗礁景区；以远东第一大灯塔——花鸟灯塔和雾岛为特色的花绿景区；以渔港、海崖和渔俗为特色的嵊山—枸杞景区；以幻石灵礁和现代港桥为特色的洋山景区。

2017年，嵊泗县以创建省级旅游示范县、旅游特色小镇、旅游风情小镇、A级景区等工作为抓手，坚持“全域化、特色化、可持续化”发展思路，全面提升旅游综合环境，提高旅游品牌知名度。一是创新体制机制，启动县旅游管理体制改革印发《嵊泗县深化旅游管理体制改革实施方案》和《嵊泗县旅游委员会主要职责内设机构和人员编制规定》，按照“统一领导、属地管理、各司其职、权责一致”的原则，全面构筑“1+3”旅游综合执法模式，推进以全域旅游产业基础名录库建设和旅游产业贡献度为核心的旅游统计改革。二是加强规划工作，按照全域旅游示范县创建要求，完成《嵊泗县全域旅游总体规划》《离岛—十里金滩特色小镇A级景区规划》《东海五渔村4A级旅游景区提升规划》《花鸟旅游示范岛提升规划》，启动了《十里金滩旅游特色小镇总体规划》《金平养心岛概念规划》《五龙旅游风情小镇创建规划》《嵊山—枸杞产业发展规划》等重要的空间及产业规划编制，根据旅游旺季突出问题整改要求，启动了重点课题研究。三是加强旅游设施建设，推动 A 级景区全域化，实施万村景区化工程，培育特色精品村，创建 A 级村庄景区，完成嵊泗县实名制软件升级改造工程，完成美丽公路和客运码头改造提升工程，对全县旅游咨询服务体系进行改造提升，完成花鸟乡旅游咨询服务中心建设，新建洋山镇旅游咨询服务中心，对沈家湾客运中心、李柱山客运中心、枸杞乡、嵊山镇旅游咨询服务窗口进行改造提升。四是提升旅游服务，积极开展技能培训、标准化建设和智慧旅游建设，举办旅游饭店服务技能大比武、乡旅报告会、渔农家乐基础培训、导游知识专题讲座、导游资格考前培训等活动；落实旅游标准化创建，邀请社会各界对导游工作提出意见建议，切实提高导游服务水平；打通交通数据、气象数据、景区数据等数据接口，建立完善的数据采集系统与动态发布系统。五是推动创新发展，成立特色小镇建设指挥部，牢牢把握“两区两镇”（旅游会展小镇、海岛运动小镇、海岛度假示范区、美丽经济创新示范区）发展定位，扎实推进“特色小镇”创建工作；全面启动五渔村 3A 级景区创建（争创 4A 级景区），确保旅游风情小镇创建成功；推进第六产业示范区建设，成立工作领导班子具体负责项目推进与实施，编制完成《枸杞乡贻贝产业综合体试点示范建设项目（第六产业）实施方案》；推动文、体、旅融合，不断丰富旅游产品，研发文创产品与非遗衍生产品，引进游艇游、帆船游、水上运动、动力伞等海岛旅游新品种，试运行跳岛游；深度挖掘海岛旅游资源，以旅游产业推进村级经济发展，做精旅游扶贫文章，稳步推进旅游共建共享。六是实施总体营销战略，做实线下营销，积极开展特色产品线路营销，实现江、浙、沪三地广告营销全覆盖；创新线上营销，加强同互联网大数据平台的合作，做到精准营销；探索“影视 + 合作”，切实把握营销机遇，将影视综艺及明星对于旅游目的地的宣传效应最大化。七是加强旅游监管，强化旅游市场执法，针对旺季旅游市场存在的突出问题，精准施力，重拳出击；联合整治旅游安全，会同安监、消防、市监等部门先后开展了旅游行业安全大检查、消防安全专项整治、渔家乐行业安全等行动；完善旅游投诉处理机制，实行 24 小时投诉受理机制，及时妥善处理各类旅游投诉。

2017 年，嵊泗县共接待国内外游客 567.3 万人次，同比增长 20.4%；实现旅游收入 80 亿元，同比增长 20.7%，完成重大旅游项目投资 1.8 亿元。

（五）小结

舟山历史悠久，文化底蕴深厚，资源禀赋优良，但资源开发不足，旅游产品围绕普陀山而衍生的观光产品为主，缺少多元化、多功能的产品集群，产业融合不够深入，城市旅游功能有较大短板，休闲业态尚待进一步丰富，夜经济不发达，夜游产品分布不均匀，导致游客的消费水平很难有大的提高；旅游业规模化、产业化层次较低，综合效益有待提升，旅游收入和接待数据表现抢眼，但旅游业内部关联度、集聚度不高，产业融合不足，拉动作用有限。目前，旅游产品和产业呈现单点状、分割式的布局，所有权和经营权复杂，加上区县在旅游发展过程中各自为政，缺少统筹机制，造成统筹归纳和区域间的融合发展难，产品设置、大型项目引进陷入无序发展、内部竞争的怪圈，亟须强化定位和新的旅游龙头树立。

第五节 台州市海洋旅游业发展情况

一、整体情况

海洋旅游是旅游业发展的新方向、新动力、新蓝海，是浙江省建设海洋经济强省和培育旅游万亿产业的重要板块。台州位于浙江海滨的中部，其海洋旅游是浙江海洋旅游的重要组成部分。近年来，台州市委、市政府高度重视旅游业发展，坚持把海洋旅游业作为全市经济新的增长点和战略性支柱产业来培育，旅游经济持续健康、有序、快速发展。

（一）台州海洋旅游资源概况

台州地处东海之滨，依山傍海，风光旖旎，是中国黄金海岸线上新兴的港口城市。自古就有“海山仙子国”“海上名山”之美誉。台州是浙江的海洋大市，有 8 万平方公里海域，745 公里的海岸线（约占浙江省海岸线总长的 1/3），691 座 500 平方米以上的岛屿，约占浙江省海岛总数的 1/4。主要特色及特点有：一是“类型齐”。台州有港口、滩涂、湿地、沙滩、岛屿等多种海洋资源类型，主要有东海明珠大陈岛、东海翡翠艺术之岛大鹿岛、千洞之岛蛇蟠岛、中国东方巴黎圣母院温岭石塘、全国重点文保单位桃渚抗倭古城等著名景区；二是“文化深”。台州是大陆首航台湾纪念地、中国大陆新千年曙光首照地。有历史悠久的抗倭文化、海防文化和石文化以及享誉中外的海商文化、革命战争文化、曙光文化以及海洋渔俗文化，中国（台州）东海文化旅游节，大陈岛国际海钓节、蛇蟠岛滑泥节等海洋旅游文化节事活动异彩纷呈；三是“海产鲜”。台州海鲜饮食文化久负盛名，盛产大黄鱼、带鱼、鲳鱼等数十种经济鱼类，是中国青蟹之乡，浙江对虾之乡、牡蛎之乡、缢蛏之乡。台州丰富的海洋旅游资源和快速发展的旅游产业为台州大力发展海洋旅游提供了良好的基础。

（二）台州海洋旅游发展现状

目前，台州旅游正处于由观光旅游向休闲度假旅游转型时期，海洋休闲旅游发展已经起步。2017 年，全市共接待国内外旅游者 1.03 亿人次，同比增长 15.2%；实现旅游综合收入 1133.34 亿元，同比增长 18.3%，其中，国内过夜游客 3429.01 万人次，旅游收入 563.45 亿元；一日游游客 6846.56 万人次，旅游收入 546.53 亿元。旅游发展势头强劲。

1. 发展定位布局

综合考虑台州市海洋旅游资源分布特点、区位交通与市场条件、旅游产品开发方向、旅游空间发展动力机制以及区域间的合作基础与发展潜力，台州市海洋旅游空间布局规划为：一核一廊两翼三板块。一核：以台州湾和台州列岛的海域、海岛及其依托的台州市区为核心区，是台州海洋旅游的增长极核、交通枢纽和集散中心。一廊：即三门湾—东矶列岛—台州湾—台州列岛—漩门湾海洋文化旅游长廊。两翼：包括南北两条台州海洋旅游发展翼，即台州市区—三门海洋旅游发展北翼、台州市区—玉环海洋旅游发展南翼。三板块：即台州湾—大陈岛旅游板块、三门湾—东矶列岛旅游板块、漩门湾—石塘—龙门岛旅游板块。

2. 工作进展

（1）科学规划，明确旅游产业定位

为加快旅游业转型升级，推动台州市海洋旅游又好又快发展。台州市旅游局于 2012 年编制完成《台州市海洋旅游发展总体规划》，于 2015 年编制完成《台州市椒江流域旅游发展规划》，并在《台州市旅游业发展“十三五”规划》中将海洋旅游作为“十三五”发展重点，大力发展海洋海岛旅游产品。同时，启动《台州市全域旅游总体规划》编制工作，以全域旅游发展理念，在旅游资源开发保护、规划设计、功能完善以及体制机制等方面探索提升台州旅游产业发展，目前已完成规划思路。各县（市、区）也先后编制了《蛇蟠岛省级旅游度假总体规划》《临海桃渚龙湾滨海景区控制性详规》《大陈岛旅游概念性规划》《温岭石塘半岛旅游度假区可行性研究报告》等一系列规划，科学指导台州滨海旅游开发。

（2）突出特色，打造海洋旅游品牌

以品牌创建为抓手，实施大景区引领战略，推动海洋海岛旅游业的发展。一是大力推进六大海洋旅游功能区建设。即椒江大陈岛、三门蛇蟠岛、临海桃渚风景旅游区、台州滨海城市旅游区、温岭东南滨海旅游区、玉环“中国休闲渔都”旅游区的开发，其中：大陈岛重点突出滨海避暑、海洋度假、红色旅游产品特色，力争打造成滨海避暑休闲度假区；石塘半岛要突出海滨观光、曙光文化、石屋精品民宿为特色，力争打造成文化型滨海旅游度假区；蛇蟠岛要突出采石文化，海盗文化，力争打造成文化体验型旅游度假区。同时，积极开拓一批游艇、海钓、海岛狩猎和滩涂运动等海洋度假旅游系列产品。二是争创海洋旅游品牌。目前，台州市共有大陈岛、温岭石塘半岛2个滨海旅游类型的省级旅游度假区，玉环大鹿岛、漩门湾观光农业园、三门蛇蟠岛被评为国家4A级景区和省级生态旅游区；大陈岛景区、临海桃渚城景区、玉环漩门湾湿地公园通过4A级景区资源评估。临海桃渚新列入国家级风景名胜区名单，玉环大鹿岛被评为国家海洋公园。椒江大陈镇、黄岩澄江街道、临海桃渚镇等11家单位成功列入省级旅游风情小镇培育名单。通过一系列品牌创建，业态培育，不断完善海洋旅游产品体系。

（3）大抓项目，加大海洋旅游投入

“十二五”期间，全市共278亿元的旅游投入中，海洋海岛旅游及相关项目比重达56%。2017年，在建的69个重点旅游项目中，海洋海岛旅游及相关项目比重达51%，大陈岛、石塘半岛旅游区、漩门湾湿地公园、蛇蟠岛等重点项目均取得突破性进展，椒江至大陈岛250客高速客轮同步投入使用，大陈岛核心景区已完成总工程量的95%；温岭石塘半岛度假区已启动《石塘半岛省级旅游度假区总体规划》以及环评报告编制工作，金沙滩游客中心、洞下沙滩停车场、绿道标识等旅游基础设施配套建设正加紧实施中；以日出三舍、栖衡石舍、裸心海、村曼里等为代表的20余家高端海洋品质民宿已对外开放。编印了《台州市旅游招商项目手册》，11月21日，在上海组织召开了台州市旅游项目投资洽谈会，现场签约20个旅游项目，协议总投资241亿元，涵盖运动休闲、康体养生、主题酒店等旅游新业态；利用2017中东欧国家旅游合作交流会、国际海岛大会等平台促招商，天台台岳国际露营公园项目、三门县生态旅游投资建设项目、天台未来谷文化旅游景区、中国（三门）帆艇小镇等6个项目实现签约，总投资额达28亿元。

（4）强化推介，提高“山海台州”知名度

围绕“佛宗道源、山海台州”主题，不断加大台州海洋海岛旅游的宣传营销力度。到目前，台州市已连续举办五届中国（台州）东海文化旅游节，尤其是这几年，大学生台州旅游体验师线上线下活动，别出心裁的“台州味道”主题活动，已经成为台州市知名的旅游品牌。近几年，通过连续举办“台州旅游月月旺”活动，按照“一月一节，一节一品”的原则，相继举办了三门青蟹节、海鲜美食节、蛇蟠岛滑泥节、大陈国际海钓节、玉环海岛文旦节、温岭石文化节等内容丰富、形式多样的节庆活动，这些活动与各具特色的海洋民俗文化、海洋人文风情等结合在一起，成为台州独有的海洋海岛旅游文化品牌产品。与此同时，通过央视、凤凰网等境内外知名媒体，加大投入，进一步提升“山海台州”的品牌影响力和辐射力。

（三）存在的问题

一是精品旅游产品缺乏。海洋旅游资源开发力度不够快，如临海东矶列岛、玉环江岩岛、三门扩塘山岛、五子岛等滨海海岛还未有效开发，再如解放一江山岛是我国唯一海岛型的全国百家红色旅游经典景区，2015 年下半年才初具形象正式对外营业。二是滨海旅游新业态需要加强培育。如国际邮轮旅游还在洽谈中，路桥游艇特色小镇还处在项目前期，海洋休闲旅游产品不够丰富。三是文化内涵挖掘不深。台州市具有独特魅力的海防文化、祭海文化、采石文化、宗教文化、民俗文化等，但特色“文化”没有得到有效“物化”，没有真正形成有形的旅游产品。四是联动发展不够。各沿海县（市、区）多各自为营，注重自身资源的开发，忽略了与其他区域之间的合作与交流。五是基础设施薄弱。特别是旅游交通体系还不完善，沿海旅游景区大都处于交通偏远地区，台州沿海高速预计 2018 年才能贯通，目前，交通的滞后一定程度上阻碍了沿海旅游业发展。

（四）2018 年台州海洋旅游发展方向和重点

坚持以科学发展观为指导，深入实施乡村振兴战略，以海洋生态文明的发展方向，以惠民富民、满足群众海洋旅游需求为出发点和落脚点，以改革创新和科技进步为动力，以滨海旅游基础设施建设与配套开发为重点，推动海陆旅游联动发展和“智慧海洋旅游”发展，加强海洋旅游公共服务体系建设，提升海洋旅游聚集区，培育海洋旅游骨干企业，促进海洋旅游发展的长效机制为保障，发展充满活力的海洋旅游产业体系，努力把台州海洋旅游打造成为浙江海洋旅游经济的有力支撑，乃至长三角重要的旅游目的地。

1. 坚持多规衔接，以旅游功能和元素为核心，结合经济社会发展、新型城镇化、精神文明建设等，充分发挥全域旅游对旅游产业转型升级的导向作用，加速全市旅游从“景点旅游”迈向“全域旅游”。继续做好《台州市全域旅游总体规划》的编制工作，按照“全景化打造、全领域互动、全社会参与”的原则，以突出旅游功能和元素为统领，结合经济社会发展、新兴城镇化、精神文明建设等，科学编制全域旅游发展规划。

2. 指导临海台州府城文化旅游区、温岭长屿硐天创建国家5A级景区，加快推进景区基础设施配套建设，完善旅游功能服务，提升景区综合管理水平；加快推进大陈岛、临海桃渚城景区、玉环漩门湾湿地公园等景区创建国家4A级旅游景区。同时，着力培育一批品质优、服务好、特色明的海洋旅游3A级景区，提升台州海洋旅游核心竞争力。

3. 实施旅游“三级创优”工程。鼓励支持有条件县（市、区）积极开展国家、全域旅游示范区创建，继续指导天台、仙居开展国家全域旅游示范区，临海、三门省全域旅游示范县（市、区）创建工作，在体制机制、多规合一、旅游信息化、旅游统计、旅游风情小镇、旅游产业类特色小镇、旅游厕所、公共服务、旅游环境、旅游安全、旅游市场秩序等重点领域取得实质性突破。开发建设一批具有自然人文景观、主客共享的旅游风情小镇，积极培育一批富有乡村慢生活休闲元素的休闲旅游示范区。

4. 继续大力推进大陈岛、石塘半岛旅游区等建设，打造精品海洋度假区。围绕“一岛一品、一岛一风景”差异化发展，联动中，重点加快推进大陈岛、温岭石塘半岛、三门蛇蟠岛旅游项目建设，以海上花园打造为契机，大力发展海洋海岛旅游，重点发展慢生活休闲体验、滨海运动休闲、养生疗养、海上低空旅游、海洋主题公园等新型产品，积极建设独具台州特色的海洋旅游产品体系，通过“三湾”特色旅游产品联动开发，为台州构筑百里海岸旅游休闲打下坚实基础。

5. 充分发挥旅游专业招商组功能，积极“走出去”与“请进来”，按照全域旅游和台州旅游业“十三五”发展规划部署，盯紧特色主题公园、文化创意、休闲农业、精品民宿、自驾车房车露营基地等重点板块，利用国际海岛旅游大会、浙江省全域旅游重大项目招商引资洽谈等平台，做好旅游项目的规划设计和论证包装，积极引进实力强、品牌优的企业参与台州市海洋旅游项目投资建设。

二、分区概况

（一）椒江区

1. 2017年度椒江区海洋旅游的基本特点

2017年，椒江区海洋旅游工作以党的十八大和十八届三中、四中、五中全会精神为指导，紧紧围绕“小康的大陈、现代化的大陈”这一目标要求，积极破解发展瓶颈，不断完善基础设施，加快旅游景区开发，全力推进项目建设，海洋旅游得到了快速的发展。

椒江地处浙江沿海中部、台州湾入口处，拥有海域面积600平方公里，滩涂面积53.23平方公里，海岸线长22.7公里，拥有大小岛屿97个，海岛面积14.96平方公里。海洋旅游资源丰富，景观奇绝。椒江的大陈岛风光旖旎，全年气候温和湿润，雨量充足。岛上森林覆盖率达56%，具有典型的冬暖夏凉的亚热带气候环境。空气清新，负氧离子较高。由于潮汐、洋流、风流和海洋生物的长期作用，形成了独具观赏性的礁石景观和海蚀沟、海蚀崖、砾石滩等。代表性的景点有甲午岩、高梨头、猫头礁、飞虎崖、帽羽砂、将军岩、乌沙滩等众多海上奇观。大陈岛周围海域是浙江省第二大渔场。鱼汛期，海岛四周千帆云集，桅樯如林，入夜渔火通明，蔚为大观，素有“东海明珠”之美称。竹屿和洋旗三岛海蚀地貌发育，各种海蚀崖、海蚀槽和海蚀洞、岩脉和岩墙是海岛中少见的旅游资源。下屿的领海基点碑也是较具代表性的旅游景点之一。

同时，大陈深厚的历史沉淀铸造了独特的人文景观，1949~1955年，中华人民共和国成立后，国民党驻军大陈岛、一江山岛，建设了大量的战壕、碉堡、坑道等军事设施。1955年1月18日，人民解放军海陆空三军首次联合作战攻克一江山岛，让一江山岛和大陈岛名震中外，同时也留下了大量的军事设施和战争遗迹。1956~1960年，在时任团中央书记胡耀邦“建设伟大祖国的大陈岛”的号召下，先后有467名温、台两地的青年登上大陈岛，在岛上安家落户，重建大陈岛，并创造了“艰苦创业，奋发图强，无私奉献，开拓创新”的大陈岛垦荒精神。2006~2016年，中共中央总书记习近平曾先后两次回信、一次登岛，提出建设“小康的大陈、现代化的大陈”的宏伟蓝图，始终惦记着大陈岛的发展。

椒江海洋旅游渔家风情浓郁。大陈渔场是国家一级渔港、全国四大渔场之一，拥有野生黄鱼、石斑鱼等珍稀鱼种，可以开展海钓、围捕等多种特色旅游项目。大陈岛现在还保留有完整的渔村村落，渔村风貌古朴，多垒石为居，风俗淳厚，环境恬静，富有回归自然的生活气息。游客在这里可以体验到渔家民俗、渔家谚语、渔家菜谱、渔家婚嫁等民俗文化。

2. 椒江区海洋旅游工作开展情况

（1）景区开发取得了突破性进展

投资1.68亿元的大陈岛核心景区工程已完成总工程量的95%，项目由上大陈岛乌沙头景区、下大陈岛甲午岩景区和游客服务中心三部分组成。目前，上、下大陈岛景区游步道、栈道已全线贯通，码头游客中心已经建成并投入使用。甲午岩景区海上索桥已经贯通，无边界泳池、悬崖餐厅已完成基础施工，军事氛围营造初见成效。新建了茶餐厅、凉亭、厕所等旅游配套设施。大陈岛青春广场、时光老街、鸡笼头军事遗迹修复、省级地质公园等项目已经完工。投资 1.6 亿元的大陈岛综合码头已经开工建设。国家级帆船帆板基地、大陈岛青垦文化旧址公园已经完成项目前期，即将开工建设。

（2）旅游基础设施进一步完善

继 2016 年新建台州海上客运中心、新造 29 节航速 253 客位高速客轮、新开通椒江——江山岛—大陈岛的航线外，2017 年，又引入“海钜号”双体高速客船投入椒江—大陈岛客运，陆岛交通最快由原来的 3 小时缩短至现在的 70 分钟，日载客量每天最高可达 1800 人次。一江山岛、上下大陈岛的岛际交通实现常态化通航。新增停车场 3 个、车位 75 个。引入共享电瓶单车 68 辆，微公交电动汽车 8 辆；全面开通了椒江旅游票务线上售票功能；成立“游小二”讲解员队伍，发挥机关干部充当导游提供全程讲解服务；完成了椒江和大陈岛旅游标识系统的方案编制。同时，正在积极谋划岛上公交一体化运营方案，并大力发展岛上旅游接待设施，新增梅花湾山庄、雅居客栈、有家民宿等一大批住宿设施，悦榕度假酒店等已完成改造提升。目前，大陈岛已拥有床位 900 多张，餐位 1200 多个。

（3）合力兴旅的氛围正在形成

2017 年，椒江区九届一次党代会做出推进“一江两岸一岛”大开发的战略部署，将大陈岛的开发放在重要位置。经省委、省政府批复，成立了正处级的大陈岛开发建设管委会，协调大陈岛开发建设各项工作。设立了椒江旅游集团，作为大陈岛开发建设投融资平台。一年来，区委、区政府高度重视大陈岛的开发建设，相关部门树立“+ 旅游”的理念，积极整合各部门资源和资金投入到椒江海洋旅游的发展中，同时在项目对接、招商引资、项目建设、环境综合整治、旅游推广等方面，按照不同分工合力推进大陈岛的旅游开发。

（4）高起点规划谋划旅游资源

高起点编制大陈岛旅游和相关专项规划，邀请新加坡圣淘沙设计单位 AECOM 集团、熊大寻团队等 5 家国际国内知名策划设计团队对大陈岛进行策划，编制了《下大陈整体风貌设计及核心区沿街风貌改造方案》《大陈岛青垦文化旧址公园策划及旅游景观方案设计》，两岸乡情公园、梅花湾区域亮化设计等规划方案。根据大陈岛发展现状，重新调整完善《大陈岛总体规划》《大陈岛森林公园总体规划》。同时，邀请中青旅、中化岩土、珠海九州、中电建、广东万旅、中船阳光、深圳佳兆业、中远航运、中海航运等 15 家上市企业、央企上岛洽谈合作意向，破解资金难题。目前，已与珠海九州签订战略合作协议，合作开发大陈岛酒吧街区、大小浦渔村以及悦榕度假酒店。与中青旅、中船阳光达成框架协议，中船阳光正细化大陈的全岛旅游策划方案，中青旅着手垦荒配套设施开发。

（5）进一步优化海洋旅游环境

积极开展大陈岛小城镇环境综合整治，打造以美丽海岛、美丽庭院、美丽公路、美丽村庄和美丽家庭为内容的“五美大陈”。组建了专职卫生保洁队伍及综合执法队伍，建成上大陈垃圾减量化分类处理中心；坚持堵疏结合开展渔网清理，一方面新建了 3 个堆网场，实现有序堆放，另一方面会同区海洋渔业局清理回收近 2/3 废弃网具；及时对船厂、搅拌场等污染场所关停搬迁，同时开展变废为宝行动，用岛民生活生产中淘汰的渔用起网机、酒瓶等生产生活废弃物打造创意墙；投资 1800 万元建设美丽公路，并在公路沿线播撒花种。

（6）切实加大海洋旅游品牌宣传力度

启动大陈岛、一江山岛国家 4A 级景区创建工作，目前已完成了国家 4A 级旅游资源价值评估；积极参与旅游促销，参加第十三届海峡旅游博览会、第二届浙江符号旅游商品展、第九届义乌国际旅游博览会、舟山国际海岛博览会等系列展会，配合省市旅游局赴江西、广东、港澳、贵州、上海、昆明、武汉等地推广椒江海洋旅游；举办大陈岛手机摄影大赛、无人机摄影大赛等活动，精心编制旅游画册；加大微信推广力度，椒江区风景旅游局、椒江区旅游集团、大陈镇 3 家单位，各自开通官方微信，坚持不定期推送文章，每周制作一个创意，每月组织一次活动，共推出微信爆文 30 篇，旅游创意 30 个。打造“云上大陈”，助力智慧旅游建设。开通了微信公众号、微信小程序、手机 App 等移动端产品，搭建了票务、酒店餐饮、出行攻略、社区互动等模块，且当前正在开发网上商城模块，大陈土特产的网售也即将上线，建立一站式旅游模式，实现票务、吃住行玩等可在线上全程预订、全程规划。

3. 2017 年椒江区海洋旅游所取得的主要成绩

（1）2017 年 11 月 2 日，浙江省委书记车俊上岛视察，把在基层宣讲党的十九大精神第一站放在了大陈岛。他指出，大陈岛垦荒精神与南湖红船精神相融贯通，垦荒精神不老，红船精神永存。大陈岛垦荒精神首次被写入省委决定。

（2）成功获评全国青少年教育基地、团干部培训基地和少年儿童夏令营基地、国家级海洋牧场、省美丽乡村建设示范乡镇、省级爱国主义教育基地、省卫生乡镇。

（3）椒江区荣获“中国东海大黄鱼之都”称号，大陈镇被评为全国精品休闲渔业示范基地，大陈黄鱼被评为“2017 年最受消费者喜爱的中国农产品区域公共品牌”。

（4）大陈岛入选浙江省旅游风情小镇创建名单；大陈镇大沙头村被评为浙江省首批 3A 级景区村庄，胜利村、卫星村、凤尾村、南岙村被评为浙江省 A 级景区村庄。

4. 存在的问题

一是开发的层次还不够高。目前，虽然已成立了正处级的大陈岛开发建设管委会，但各方关系尚需进一步理顺。开发建设缺少大项目的支撑，旅游产品仍比较单一，不能适应游客多样化的需求。

二是发展思路需进一步厘清。近几年虽然提出了“全岛旅游化”的发展战略，但如何分步实施，重点推进，仍缺少有效的规划和清晰的、可行的发展思路。

三是海洋旅游基础设施和公共服务水平有待提高。围绕旅游产业的“吃、住、行、游、购”等硬件设施和软件服务以及智能化水平有待进一步提高，与现代海洋海岛旅游要求相比有较大差距。

5. 出台的政策文件

台州市委、市政府出台了《关于大力弘扬大陈岛垦荒精神　加快“小康的大陈、现代化的大陈”建设的若干意见》（台市委发〔2016〕85 号）。

台州市椒江区人民政府出台了《关于印发加快大陈岛综合开发建设的工作方案的通知》（椒政发〔2016〕74 号）。

6. 主要指标

2017 年度，椒江区共接待国内旅游者 1333.62 万人次，同比增长 18%，实现旅游收入 1440309.60 万元，同比增长 21%；接待海外旅游者 1.5137 万人次，实现旅游收入 5596.16 万元（以上数据含台州高新区）。

7. 下一步工作思路

2018 年，椒江区海洋旅游工作将全面贯彻党的十九大精神，以习近平中国特色社会主义思想为指引，以“五位一体”总体布局和“四个全面”战略布局为引领，按照高质量发展的要求，大力弘扬大陈垦荒精神，加快推进项目建设，不断提升服务水平，促进海洋旅游健康快速发展。

具体目标：高水平建设“两个大陈”。以国际化视野完善规划，启动建设大陈岛陆海联动开放实验区。加快实施多线连岛和岛内公路提升，启动上下大陈连岛大桥、台州海上客运中心外移、通用航空等项目前期工作，构建水陆空立体化交通。全面改造梅花湾核心功能区块，加快推进海滩修复和亮化工程，创建国家4A级旅游区，建设长三角风景最美海岛。启动青垦文化旧址公园和两岸乡情文化公园建设，打造全国红色旅游第一岛，创建国家级海峡两岸交流基地。

（1）加快推进项目建设。加快大陈岛核心景区建设，力争2018年上半年建成开放；大陈岛垦荒纪念馆和浪通门帆船帆板基地开工并初见形象；加快大陈岛青垦文化旧址公园、两岸乡情公园和综合码头建设；改造梅花湾核心功能区块，建设酒吧一条街。启动上下大陈连岛大桥、台州海上客运中心外移、通用航空等项目前期工作；策划利用海岛元素，融入人造月亮、海上浪屋等现代创意，打造一流的海湾景致。引进高端度假酒店和民宿，以点带面带动岛上民宿的开发建设。加快大小浦度假酒店回收改造和大小浦渔村、垦荒培训配套酒店建设。

（2）进一步完善陆岛交通。以TOD理念规划台州海上综合交通枢纽中心外移，重新规划选址椒江至大陈客运码头。开通路桥金清至大陈航线，做好椒江至金清码头无缝对接；加快打造抗9级风浪500客位交通客船，新建35节航速载客300人的双体高速客轮。推行岛上公交一体化，回收现有老旧车辆，重新购置旅游车、新能源车，并实行一票制，积极推行智慧公交。完善海岛旅游配套设施建设，做好岛内公路的绿化、美化和安全改造提升。规范完善旅游标识系统，全面提升旅游服务信息化水平，增强游客的可进入性；投放一定数量的旅游自助车辆，如自行车、电动车等，逐步实现“无障碍”旅游。

（3）精心策划特色旅游项目。充分整合海洋旅游资源，结合大陈岛景区实际，重点培育和推出“军事探险”“海上漂流”“浪尖穿越”“洞穴听涛”“人工浮潜”等特色旅游产品。做大做强黄鱼品牌，鼓励开展渔业养殖观光游，形成喂黄鱼、赏黄鱼、钓黄鱼等特色旅游线路；大力发展休闲渔业，完成17条休闲渔船建设，并规范运营管理。结合大陈岛地域文化、民俗风情和自然资源，做好“大陈岛海钓节”“大陈岛海洋旅游节”“大陈黄鱼观光节”等旅游节庆活动。策划做好“黄鱼宴”“垦荒丰收宴”“海鲜宴”等海鲜餐饮品牌。

（4）加强旅游品牌建设。创建大陈岛、一江山岛国家4A级旅游景区，推进大陈岛省级旅游度假区、省地质公园建设，加快省级旅游风情小镇创建。打造党性教育基地，成立“台州大陈岛干部学院”，争创省委党校大陈岛分校和省级干部教育培训现场教学基地；力争通过3~5年的努力，建成类似江西（井冈山）干部学院、延安干部培训学院等具有全国影响力的党性教育基地。逐渐形成党员干部教育、团员青年教育和大众教育三个层面的党性教育基地，实现学教结合、寓教于乐的大陈岛特色旅游品牌。

（5）创新旅游营销模式。注重网络自媒体营销。一是完善微信公众号服务功能，打造“云上大陈”智慧旅游平台，利用手机自媒体的口碑效应提升大陈核心景区的知名度和美誉度。二是注重线上线下相结合。加强与高流量的大众平台、业内大社区和专业媒体合作，多平台、多渠道进行内容输出和广告投放。三是创新旅游主题策划。围绕“一季一主题，活动来助力”的思路进行活动策划，结合节点制定季度主题，做好文宣与推广，形成旅游爆点。

（二）临海市

1. 基本特点

东矶列岛位于台州东部近海海域，距离临海市区72.5公里，属临海市上盘镇，在《临海海洋功能区划》中隶属海岛海洋渔业、海洋旅游和生态保护功能区。北临三门湾，南至台州湾口，东与渔山列岛相峙，由东矶岛、雀儿岙岛、田岙岛、头门岛等57个大小岛屿组成，面积18.3平方公里。扼台州湾出海口，地势险要，四周环海。雀儿岙岛，东矶属岛与田岙岛北相距约3公里，东距大陆最近点15公里。

海岸绝大部分为基岩岸，海蚀地貌发育。岛上用地主要分为海岛耕地、村庄建设用地、道路用地、军事设施用地等。海岛耕地、村庄建设用地主要分布在东矶岛、雀儿岙岛、田岙岛等几个较大的岛上，军事设施用地主要分布在雀儿岙岛上。

列岛处于中亚热带季风区，气候温暖湿润，四季分明，夏天无酷暑，冬天无严寒，适宜打造海岛避暑，开展多种旅游度假及休闲活动。

交通现状除了头门岛实施疏港工程和大陆相连外，其余岛屿都没有实施连岛工程，因此对外交通主要通过水运解决，目前东矶岛、雀儿岙岛、田岙岛都建有渔业码头。内部道路主要为岛上的通村公路，道路技术标准低、路况差。

2. 工作进展

（1）头门岛面积3.87平方公里，陆域面积3.67平方公里，海岸线长26.04公里，港口一期已开发，充分挖掘头门港旅游资源，加强“旅游+工业”产业融合，打造以工业旅游为特色，集工业观光、滨海观光、乡村休闲、商务会议、滨海度假功能为一体的工业观光旅游区。

近期项目建设：生态养殖观光园、生态渔夫度假村、观海平台提升。中期项目建设：海景湾度假酒店、海上会客厅（与酒店配套，设有商务中心、海岛会所、空中花园等）、工业观光旅游。

（2）雀儿岙岛面积4.38平方公里，其中丘陵4.32平方公里，平地54381平方米，海岸线长25.1公里。岛上保留了大量的军事海防遗迹及与海港相连的坑道、战壕等海防设施，旅游开发结合军事遗迹开发军事主题旅游——海防军事欢乐岛。

项目建设：海岛野战CS基地、海岛军事主题瞭望塔、军事防空休闲长廊、海岛军事拓展基地、小岙渔村海岛民宿、海岛密林探险、露天大草坪、旅游码头等及基础设施配套工程建设。

（3）田岙岛面积4.3平方公里，其中丘陵4.21平方公里，平地87466平方米，海岸线长19.81公里，以低丘陵为主，海岸线曲折，旅游开发可结合海湾设置码头和海湾游乐项目，结合小岙、田岙村规划海岛渔村旅游项目。岛中部地势平坦，田园风光特色明显，沙质细腻，可开发田园休闲和沙滩休闲项目。

项目建设：海岛集装箱酒店、东海花田渔村、帐篷露营地、假日金海滩、滑泥乐园等及基础设施配套工程建设。

（4）东矶岛面积1.91平方公里，其中丘陵1.88平方公里，平地24289平方米，海岸线长13.16公里。岛上主要从事渔业生产、海产品加工和海产品贸易，旅游开发可结合渔村，打造休闲度假区；附近海域渔业资源丰富，可开发海钓体验活动，岛南部沙呈乌色，阳光折射下如金沙，可打造海洋休闲走廊。

近期项目建设：香草世界、旅游码头、乌沙石林等及基础设施配套工程建设。中期项目建设：东矶游艇海钓俱乐部、海上休闲栈道等。

3. 发展态势

临海海洋海岛旅游处于起步阶段，应利用自身良好的区位优势和资源优势，立足具体情况，扬长避短，根据项目的特点，选择合理的开发模式，发挥“后发优势”，实现跨越式发展。

一是提高规划建设水平。更加注重海洋海岛资源的有效保护和可持续发展，明确发展定位，厘清发展思路，科学规划、有序开发利用海洋海岛资源，不搞全面开发、遍地开花。二是发展海洋海岛特色经济。努力建设以海洋海岛旅游休闲为主导，以海洋交通运输业、深蓝渔业、海洋新兴产业等为补充的海洋海岛特色经济结构，增强海洋经济核心竞争力。三是推进海洋科技自主创新。促进海洋科技创新和成果高效转化，推动海洋经济从资源依赖型向技术带动型转变。四是加强海洋生态文明建设。坚持生态优先、保护与开发相结合、开发服从保护的原则，重点开展海洋海岛生态系统建设，推动海洋生态文明建设，提高可持续发展能力。

4. 存在问题

（1）海陆联动不足，交通存在瓶颈。目前东矶列岛除了头门港实施了疏港工程外，其余岛屿没有实施连岛工程，海陆联动不足。随着东矶列岛的旅游开发，旅游客源不断增长，海上交通运力不足将成为制约海岛旅游发展的瓶颈。所以未来必须提升客运船舶的抗风浪能力，增加陆地、东矶岛屿至其他岛屿之间的航线及其密度；发展民营海上航运，建设旅游码头，开辟旅游专门航线；建立海陆空立体交通网络。

（2）季节性强、适游期较短，影响旅游设施利用率。浙江沿海地区气候有明显的季节性，这大大地限制了滨海旅游活动开展的时间，造成旅游淡旺季问题，导致旅游设施闲置、旅游接待服务设施的利用率难以提高，影响投资效益。这一问题具有普遍性，在东矶列岛开发中要充分考虑，加以规避。

（3）海水质量差强人意，自然灾害频发。由于临近长江口，处在台州湾椒江出海口上，近岸海水泥沙含量较高，导致海水质量不高，很难有蓝天碧海的美景。同时浙江沿海多台风、大风和暴雨等灾害性天气现象，其中台风主要集中在滨海旅游的高峰季节，即每年 6~9 月。这些问题都直接影响到海岛的旅游开发，使游客望海兴叹。

（4）基础设施与服务设施配套薄弱。由于海岛现状居住人口很少，仍处在未开发阶段。岛上基础设施条件差，电力、通信、水利等工程尚未建立完善，道路为村道，状况较差、等级低；宾馆、饭店、旅游商店等服务设施配套几乎空缺。

（5）港口工业的发展对旅游业的影响。随着临海头门港的通航，滨海新城的建设，临港工业将蓬勃发展，这势必会对海洋海岛旅游业空间造成挤压，特别在用地、景观、海上功能等诸多方面形成矛盾，对旅游业的发展造成一定影响。

5. 主要指标

临海市全年旅游人数为 1693.61 万人次，旅游收入为 178.18 亿元。

6. 下一步思路

抓住我国“大海洋旅游”新时代的来临以及临海城市转型、旅游升级、港口建设、交通成熟等内外机遇，克服自身的开发劣势，坚持以保护生态环境为前提，有序开发利用海洋海岛资源，不搞全面开发、遍地开花；坚持城旅一体化发展，实现旅游开发与头门港滨海新城建设无缝对接；坚持发挥城、港、岸线、岛屿的组合优势，联动发展，减轻海岛开发压力；坚持循序渐进，近中远期结合开发。依托城市，以“海洋运动”为特色和吸引，以“海洋海岛休闲”为核心和载体，突出海洋运动、海洋娱乐、海防军事体验、海岛田园慢生活、海岛康体养生、渔村文化体验等功能，走主题化、差异化、可持续化的开发之路。全面建设特征鲜明、总体功能完备、服务要素齐全、现代服务业活跃、主客共享的海洋海岛生态旅游休闲度假区，最终将本项目打造成为台州城市海上门户形象，临海旅游新名片。

（三）路桥区

1. 路桥区海洋旅游资源分析

路桥区沿海海岸线曲折，大陆海岸线总长 26 公里；港湾众多，剑门港是天然深水良港，是国家一级渔港；另外，路桥区还拥有金清渔港、金清入海口、金清新闸、新闸观潮点等资源。

2. 路桥海洋旅游发展现状

由于路桥区前几年海洋旅游开发具有一定的限制性，导致路桥海洋旅游开发处于初级阶段，目前仅有金泉农庄、浙江省农业高新技术产业园等休闲农庄和农业园、台州行宫俱乐部，以生态观光、休闲娱乐、海上运动、美食餐饮等功能为主，旅游产品较低档，设施较旧，与区域相比存在较明显的趋同化开发。

3. 路桥海洋旅游发展重点

空间上：构建东部滨海休闲旅游板块。立足湾区优势，整合海洋、海岛和滩涂等资源，突出海岛自然风貌和水域特色，将游艇休闲、滨海景观、文化创意和现代海岛旅游相结合，建设游艇小镇、黄礁岛时尚海岛外景基地及滨海旅游度假区，营造一个动感活力、高品质的滨海新城休闲度假区。

项目上：大力发展游艇小镇项目。充分利用金清港口优势，全力助推游艇小镇开发，按照“一镇二港三园三乐”理念建设，集传统与现代沿海生活、休闲度假于一体的新型时尚特色小镇，积极打造成省级游艇特色小镇。加快推进黄礁岛时尚海岛外景基地及滨海旅游度假区项目建设。以滨海旅游资源、乡村农业资源为基础，重点培育商务休闲、影视旅游、水上娱乐、滨海度假、生态人居等特色功能，加快海岛外景基地的建设，构建路桥区城市新型功能区、影视文化创意产业标杆、台州市滨海旅游度假区。

4. 路桥海洋旅游提升和规划重点项目

（1）游艇小镇

位置范围：位于路桥区金清镇金清新港入海口两岸，南起白沙岛南边界，北至台州农垦场，西至五洞闸，东临东海（西门口），项目面积共计 3.5 平方公里（不含水域），其中建设用地 1.62 平方公里。

建设目标：省级特色小镇，4A 级景区。

发展思路：小镇按照“一镇二港三园三乐”的理念规划建设，即一镇：台州游艇小镇；二港：金清渔港、台州游艇母港；三园：台州游艇产业园、渔港产业园、农业产业园；三乐：游艇乐、农家乐、渔家乐。规划分别建设游艇、渔港、农业产业园以及相关配套娱乐休闲园区。

项目主要涵盖三个重点产业：一是游艇整艇设计、游艇制造、游艇展示、游艇驾校、游艇母港等在内的游艇配套产业；二是海洋渔业、渔船维护保养、海产品贸易、渔具生产销售、渔业冷链及冷链物流等在内的渔业产业；三是科技农业、观光农业、旅游休闲、餐饮住宿等在内的综合服务业。

主要建设：游艇产业园、渔港产业园、农业产业园等。

（2）黄礁岛时尚海岛外景基地及滨海旅游度假区

位置范围：位于路桥区金清镇黄礁涂围垦区，包括黄礁岛、白果山、道士冠三岛。

发展思路：以国际一流的影视拍摄理念打造外景拍摄基地，为影视剧拍摄提供创作空间。同时利用拍摄场景发展旅游业，让游客亲临电影拍摄现场，体验拍摄场景、拍摄特技等，增加影视旅游娱乐互动内容。

利用得天独厚的港湾、岬角、岛礁，建设大型海上运动俱乐部，弥补黄金海岸线路桥区内参与性海上运动产品的缺失，使其成为度假区的一大亮点项目。

修建海上浮桥与金清镇相连，在黄礁岛外围修建环岛海上栈道，增强黄礁岛的通达性。结合滨海及山地地形，依山就势构筑海景别墅群，选择平坦、视野开阔的地方设置度假酒店、海钓俱乐部、观景平台等休闲场所。

引入“海上阳台”概念，建设高尔夫练习场、跑马场、网球场、康体养生 SPA 中心、直升机坪等，作为黄礁岛时尚海岛外景基地及滨海旅游度假区的配套服务设施，打造开放性、原生态的滨海游憩空间。

利用黄礁岛西部滩涂优势，发展特色种养业和农产品加工业，种植盐生植物，提高滩涂综合利用水平。

对岛上现有渔村按照一定的标准进行改造，使其具有接待功能，打造滨海渔家乐。

主要建设：水上乐园、沙滩娱乐区、滨海影视拍摄区、渔乡文化体验区、海洋文化休闲区、户外运动拓展区、商务会议中心、四季花园观赏区、观光农业示范区、隐逸禅修体验区、欧式葡萄庄园马术展示区等。

（3）剑门港村

位置范围：位于路桥区金清镇东部，东临东海，南接白沙，北接海南，西与金泉农庄隔农场河相望，行政区域面积约2平方公里。

发展思路：依托剑门港村丰富的山海、滩涂、渔港资源，充分利用村民的闲置房屋，按照一星级标准装修或改造，兴办"渔家乐"，布置以渔村文化为主题的景观长廊，成为渔村的文化视窗。

利用海鲜品种和做法的多样性，对现有的街道及门面进行改造，建立海鲜美食地。海鲜美食街分为高档海鲜餐厅和中档海鲜大排档来满足不同游客的需求。

设立大型娱乐广场、鱼贝展览馆、海滨浴场、海上游乐园等游乐设施，开展节日狂欢、海上游艇观光以及各种水上娱乐项目。

设立听涛亭、观潮台、赏月楼等旅游设施，每年中秋时节，组织大规模的观潮活动。

开辟专门的沙雕艺术广场，可向游客提供沙雕创作和比赛等配套服务，提高参与性和趣味性，同时每年定期举办沙雕艺术节，开展专业性的沙雕艺术大赛。

（4）金泉农庄

位置范围：位于路桥区金清镇黄琅社区，地处台州东海之滨，占地面积1860亩。

提升思路：金泉农庄（金荔泉度假村）以发展休闲农业为特色，规划对其进行提升，整体布局按照"人、自然、健康"设计理念，突出农业旅游"土、野、乐、趣"四大特色，集农业示范、亲朋聚会、休闲娱乐、亲子互动为一体，主要建设乡村俱乐部，开发教育农园、市民农园、租赁农园等多种形态，承载农旅结合的农事参与、自然教育和DIY创意空间等功能，为本地居民和外来游客提供乡村休闲空间。

另外，合理引入符合市场需求的休闲业态，提高农庄旅游的环境价值和经济价值。可融入食疗生态养生文化主题，通过提供养生农庄、养生餐饮（如药膳）、美容美体、中医理疗、健身瘦身运动等，满足旅游者的需要。根据不断更替的农作物变化，按季节策划不同主题的节庆和活动。如三月草莓采摘节、四月油菜花摄影节、五月风筝节、七月西瓜节等，以节庆来吸引游客。

（5）台州行宫国际游艇俱乐部

位置范围：位于路桥区金清农垦场西侧，东北邻金泉农庄，南连金清港，东接东海。

发展思路：台州行宫国际游艇俱乐部分三个区域：布置迷你高尔夫球场、金色沙滩、酒庄、私人小别墅、豪华游艇等休闲设施；建设天地儿童乐园，涵盖气枪、钓鱼、碰碰车、旋转木马、淘气堡城等亲子游乐活动设施；设置“蒙古包”包厢，作为餐饮休闲的场所。

在整个游艇产业链里，包括船体设计、生产、销售，游艇停泊、托管、租赁、置换、海上救援、维修、保养、按揭金融服务等所有需求，参照汽车4S店的服务模式，在购买游艇的同时打包赠送售后服务，为购买者解决所有后顾之忧。

同时，俱乐部提供培训等相关服务。计划由680个水上游艇泊位和320个陆地干仓组成，总共可以停泊1000艘游艇，届时，台州的游艇容纳量将会大幅提升。这些泊位将会直接建立在金清港闸外的海上，可以不受“一天只开一闸”的港闸限制。

（四）温岭市

温岭是中国大陆新千年第一缕曙光首照地，地处浙江东南沿海，南通温州，西邻玉环，北通宁波、上海，陆域面积926平方公里，海域面积1079平方公里，海岸线长317公里，是一座旅游区位优势明显，旅游资源丰富，山海景观兼利，资源品质突出的新兴城市。2016年，全市实现生产总值900.27亿元，全市财政总收入103.20亿元，第三产业增加值464.98亿元，旅游总收入160.11亿元，连续获评“全国特色景观旅游名镇”“中国十大海洋旅游目的地”“浙江省旅游度假区”“浙江省乡村旅游示范县”“全国中小城市综合实力百强县市”等称号。

随着海洋经济上升至国家战略，2012年温岭市十三届党代会第一次会议提出将“沿海开发”作为五大战略之一。温岭市旅游发展大会上，市委、市政府提出要加快沿海旅游开发，滨海旅游开发成为沿海大开发的重要引擎。市委、市政府多次深入开展海洋旅游调研，敲定海洋旅游项目，谋划全市沿海旅游，构建了温岭市沿海旅游发展的基本框架。沿海绿道一期、亲水栈道一期已于2015年年底建成对外开放；上马旅游综合体项目已建成海鲜广场；曙光园三期建成国内首个全景动感阳光台风体验馆，81省道支线开工建设，温岭中心渔港二期建设过半。投资5000万元的滨海绿道一期，盘活了全线5个村庄的石屋资源，掀起了民宿投资热潮，一年时间集聚了18家高端旅游民宿；金沙滩、洞下沙滩等景区的改造提升，盘活了

300 多间石屋，吸引了几十批民宿投资客前来洽谈；大发展吸引了更多的游客，滨海旅游的游客量以翻番的速度增长，旺季、周末一房难求，旅游民宿年接待游客超 10 万人次。焕然一新的精品旅游民宿群，在温岭的滨海旅游开发中占据了重要地位。

坞根镇东门头村自古以“海上名山”著称，海岸线长 4242 公里，水陆交通便利，有着著名的紫菜养殖基地和鲈鱼养殖基地，耕海文化历史悠久。依据坞根镇旅游总体规划中确定的旅游功能分区，东门头村定位为更海文化特色村，打造体验海居文化、海洋文化的原生态民宿特色村落，目前正在招商引资中。城南镇担屿围涂，位于温岭市南端，东朝大海，是一块向内陆凹陷的四方形湾岙。担屿围涂填海造田工程自 2009 年正式开工，目前，工程已全面完工。一条 3.2 公里长的海堤从犁头咀通往北面的大斗山脚，把海水分割开来，长堤往西，是 1.52 万亩的围垦造田区。其中一期造田造地工程已完成验收，作为一般农田使用，造田区视其固结程度，可以种植农作物。可结合区块的资源优势，打造集种植、观光、旅游于一体的现代农业园区，目前正在招商引资中。

近年来，温岭石塘旅游民宿的迅速发展，掀起了旅游民宿投资热潮。一年时间集聚了日出三舍、缘舍、海山生活、流水人家、隐想家、栖衡石舍等 20 多家高端旅游民宿，并在长三角有了知名度，吸引了很多游客，石塘的游客量以翻番的速度增长，房价平均超过 1000 元，仍一房难求，旅游民宿接待游客已超 10 万人次。温岭旅游民宿主要有以下特点：石屋石墙石街石巷、品位不低每家不同、面朝大海春暖花开。主要有以下做法：

（1）抓发展环境

温岭积极谋划沿海经济，积极发挥石塘旅游资源优势，自 2013 年来投入大笔政府性资金，打造滨海旅游，其中石塘是重点，连续获评“全国特色景观旅游名镇”“中国十大海洋旅游目的地”“浙江省旅游度假区”“浙江省乡村旅游示范县”“浙江省石塘石屋风情小镇”。

（2）抓布局规划

打造国内一流的滨海旅游目的地，对标国际化和国内领先水平，编制《温岭市东部滨海旅游区总体规划》和《石塘镇旅游总体规划》《温岭市旅游民宿发展（一期）专项规划》。邀请联合国教科文组织专家组指导小镇建设。还实施乡村规划师制度，对重点村邀请中国美院、浙江大学等，组建团队工作室、全程指导、名刻村口。

（3）抓周边项目

石屋民宿周边有东海好望角度假区、珍珠滩商务度假区、石塘太阳文化旅游、曙光新城、曙光园等精品项目。最为直接的是已粗具规模的滨海绿道、金沙滩、洞下沙滩项目，既吸引大批游客为旅游民宿输送客人，又成为旅游民宿户外配套项目。旅游民宿像一颗颗珍珠，用绿道把它们串起来。根据游客分布，增加珍珠滩公共服务点、钓浜渔港公共服务点、滨海绿道公共服务点。

（4）抓政策配套

为了科学有序发展旅游民宿，2015 年，制定了《温岭市旅游民宿管理暂行办法》，2017 年，根据旅游民宿管理过程中遇到的实际情况和问题，进行针对性的修改；为保护石屋风貌出台《温岭市石屋保护利用管理办法》《温岭市历史文化村落保护利用实施意见》。准备出台《温岭市历史文化村落和石屋保护利用项目与资金管理办法》《温岭市石屋建筑和传统建筑保护修缮利用实施意见》等相关政策，并开展石屋流转试点工作。

同时高度集聚多部门资源，结合“石塘半岛省级度假区”建设和“三改一拆”“美丽乡村”“五水共治”等工作组合拳助推石屋民宿周边环境改造。市领导还亲自带领各部门实地指导、民主恳谈。

（五）玉环市

海洋旅游是旅游业发展的新方向、新动力、新蓝海，是浙江省建设海洋经济强省和培育旅游万亿产业的重要板块。玉环地处浙江东南沿海，台州市最南端，其海洋旅游是台州海洋旅游的重要组成部分。

1. 玉环海洋旅游资源概况

玉环市地处浙江东南沿海，台州市最南端，是全国 14 个海岛市（县、区）之一，地理上呈半岛形区域，三面环海，东濒东海，西临乐清湾，南为洞头洋，北接温岭市，是我国东部沿海的重要口岸，也是浙江省海洋经济重要组成部分。玉环海洋资源十分丰富，沿海岸线漫长、港湾众多、潮滩丰富、岛屿棋布，拥有丰富的港、涂、岛、能、渔、景等资源。

玉环拥有丰富的旅游资源，且带有浓厚的海洋文化氛围，海韵渔情特色浓郁。玉环海岛众多，具有多样的海岛自然景观、人文景观和良好的生态环境。已建成两个国家 4A 级景区和 5 个 3A 级景区，一个国家湿地公园以及许多特色乡村旅游景点。随着乐清湾跨海大桥的建成，玉环交通的末端位置将发生根本性改变，背靠温州、台州经济发达地区，都为玉环的旅游经济发展提供了强大的发展动力。

2. 玉环旅游发展现状

2016年，玉环旅游产业围绕打造“全域景区化”战略目标，苦练内功夯基础，外树形象创品牌，旅游经济呈现稳健发展的良好态势。全市共接待旅游总人数807.79万人次，同比增长24.57%，实现旅游总收入85.17亿元，同比增长30.67%。2017年1~10月，全市接待旅游总人数817.7万人次，同比增长15.6%，实现旅游总收入86.2亿元，同比增长20.7%。

3. 2017年玉环旅游工作总结

（1）体制改革逐步推进

2017年8月，跟随市委领导，赴天台、仙居就旅游体制改革进行实地考察学习，并结合玉环市实际，对旅游体制改革工作提出初步意见。

（2）旅游规划日益完善

《玉环国际海岛旅游目的地规划》《玉环市旅游业“十三五”发展规划》完成报批，明确玉环市“全域景区化”“中国国际海岛旅游目的地”的发展路径和“一核两环三组团”总体框架。

（3）区域融合开局良好

牵头召集环乐清湾地区（南部湾区）首届旅游局长会议，并签订《环乐清湾地区（南部湾区）首届旅游局长会议合作宣言》，推进环乐清湾区域旅游合作。

（4）旅游产品优化升级

指导漩门湾国家湿地公园、清港大雷山、芦浦百丈岩、干江栈头渔村等完善配套设施，提升景区内涵，漩门湾国家湿地公园通过国家4A级旅游景区景观质量评审，清港大雷山完成国家3A级旅游景区创建。指导清港镇、龙溪镇、鸡山乡等乡镇和东西村、芳斗村等村（社区）的旅游资源开发和乡村旅游产品建设提升，龙溪动漫花谷乡村旅游集聚区获评中国乡村旅游创客示范基地，鸡山乡、清港镇被列为省级旅游风情小镇培育创建单位，清港芳斗村、楚门东西村获评为首批浙江省3A级景区村庄，玉城街道石峰山村等16个村获评为浙江省2A级景区村庄。全市A级以上景区实现公共无线局域网全覆盖。

（5）品牌营销扎实有效

统一策划旅游产品，推出了“海岛风情游”“渔村尝鲜游”“文旦采摘游”等一批特色主题旅游线路，“文旦旅游节”“渔家美食节”“岩雕艺术节”等一批特色旅游节庆，以及“爱上这片海、幸福玉环岛”“浪漫之春，相约玉环”“妈妈，我想要看海”“我要带你去玉环吃海鲜”等一批主题活动，持续引爆旅游市场。大力推进品牌营销，依托宣传品制作发放、自媒体推送、电视专题摄制播放、灯箱广告投放、车体广告投放等多种渠道，持续开展品牌推广，其中与央视《美丽中国乡村行》栏目合作拍摄的《一带一路上的美丽乡村——玉环寻宝》专题片，与温州电视台合作的《美丽海湾，魅力玉环》旅游访谈节目等，让玉环海岛旅游品牌越叫越响、越传越远。举办“我爱我家”玉环旅游“进社区、进校园、进企业”主题宣传活动，通过广场宣传、玉环乡土微课堂、摄影大赛、中小学生征文比赛等，增进市民对玉环旅游的认同感。同时，组团赴温州、上海、武汉等客源市场开展旅游推介，邀请上海旅游同盟会30家旅行社来玉环采风，通过“走出去、引进来”，提升玉环海岛旅游品牌知名度。

4. 存在的问题

玉环市旅游经过多年发展，虽然纵向来看在逐年稳步增长，但横向来看，在“工业立市”发展思维下，相比较工业，市域旅游产业地位并不高，资源开发不深不透，旅游产品供给也不能很好满足市场需求。

一是旅游资源禀赋不优不特。玉环虽为海岛市，拥有绵长的海岸线和众多岛屿，地方民俗风情与美食独具一格，但放眼整个浙江省，同为东海之滨的城市有舟山、宁波、台州、温州等，在海洋海岛自然资源禀赋上，玉环远不如舟山群岛、宁波象山等地，与市内三门、温岭也存在资源同质现象，优势不突出。再加之玉环30多年的工业发展，自然资源遭到一定程度的侵占和破坏，旅游资源无论是从自然禀赋上还是后天开发上都相对落后。

二是旅游产业投入规模较小。旅游资源单体数量虽然丰富，既有4A级旅游景区，也有遍布全县的乡村旅游点，但总体上表现为小、散、乱，与农渔业、文化体育等产业融合度较低，旅游新业态尤其是高端特色产品缺乏，呈现出“满天星斗不见月亮”的情形，对游客缺乏吸引力，难以适应游客多样化、多层次的休闲需求。

三是公共服务体系有待健全。玉环市目前尚无旅游集散中心、旅游商品购物中心等旅游城市必备的服务功能；具有市域特色的旅游商品有待开发；车站与旅游景区以及旅游景区之间的公共交通未能畅通对接；旅游交通导示牌系统不甚完善及标准；自驾车营地等新兴旅游业态配套服务缺失；旅游服务数字化、信息化建设明显滞后；旅游志愿者服务以及旅游保险、救助、投诉体系建设等都有待推进；等等。

5. 玉环市下阶段旅游产业发展思路

当前，旅游需求模式已逐渐从团队游、景点游转向散客游、体验游，为适应这一变化，2016年国家旅游局提出了旅游产业发展要从景点旅游模式走向全域旅游模式，2016年玉环市第十四届党代会第五次会议也提出了“全岛景区化”战略目标，要求将玉环市作为功能完整的旅游目的地来建设，实现景点内外一体化，人人是旅游形象，处处是旅游环境。为此，玉环市于2016年3月向省旅游局提出申请，争取通过3年努力创建“中国国际海岛旅游目的地”，以创建为工作抓手，推动落实“全岛景区化”战略。围绕创建要求，下一阶段将以“四个坚持”为抓手，深入开展各项工作。

一是坚持政府主导，提升旅游公共服务。加快旅游交通建设，结合县域交通线路和沿海山海风光资源，打造环岛景观带和自驾车、自行车旅游线路，待时机成熟后再在景观带上铺设环岛旅游公交系统，将陆上各旅游景区景点进行串联，并在各交通节点设置旅游服务中心，方便游客全面领略县域风光；视群岛旅游开发情况，择机设置环岛海上旅游巴士，把各旅游海岛进行连接，打造便捷一体化的海上环岛旅游线路。打造旅游商品购物中心，将玉环市海产品、火山茶、盘菜、水果等农副产品和水暖阀门、眼镜、家具、炊具等工业产品打造为县域特色旅游商品，延伸旅游产业链的同时，也帮助玉环市特色产品开辟市场，打响玉环制造品牌。完善智慧旅游体系，方便游客随时随地通过各种资讯获取方式享受景区、路线、票务、酒店、餐饮、门票、气象等信息服务。建立旅游统计系统，设计全面涵盖旅游产业的数据体系，由各部门、各乡镇（街道）和涉旅企业定期报送，便于全面掌握县域旅游产业发展情况。

二是坚持规划引领，加强项目招商建设。根据旅游目的地规划“一核两环三组团”格局，加快旅游资源整合，推动旅游项目招商及建设。首先是发挥核心景区辐射作用。加快推进大鹿岛、漩门湾观光农业园、漩门湾国家湿地公园三大核心景区建设，并逐步分别以大鹿岛和漩门湾旅游区为核心，整合其辐射范围内的旅游资源，按5A标准分别打造岛群旅游体系和陆上旅游体系。其次是发挥乡村旅游联动作用。加快龙溪动漫花谷、石峰山东海石屋文化园、坎门东沙渔村等重点乡村旅游项目建设，并以此联动周边乡村旅游资源集聚，完善配套旅游设施，丰富旅游功能，推进乡村旅游点向A级景区整合提升，与核心景区互为补充，丰富县域旅游产品。最后是发挥招商引资激活作用。围绕“一核两环三组团”产业布局，以区域旅游整体开发为理念，整合优势资源，包装策划一批优质旅游项目统一招商，如漩门湾国际旅游综合体、国家海洋公园、海山国际度假区等，突出“招大引强选优”，同时优化投资环境，做好安商工作，以大投入激发玉环旅游产业大发展。

三是坚持区域融合，促进玉环旅游借势发展。积极寻求玉环与周边区域的合作，融入更广泛的大旅游经济圈，实现借势发展。依托玉环区位优势，以乐清湾一体化发展为目标，着力强化区域旅游协作能力，加强与温州、台州等周边县、市的旅游交流与合作，通过旅游公共服务设施共建、旅游资源共享，融入温台地区旅游主干线，把玉环打造为区域内知名海岛旅游目的地。依托对台直航航线，积极申报对台自由行试点城市、落地签证及车辆互通等，发展两岸游客经由玉环赴台和入境旅游，努力把玉环打造成为浙东南两岸旅游集散中心。依托大麦屿深水良港，积极推进大麦屿邮轮泊港建设，在对台直航基础上，争取新增构建连接浙东沿海和香港，乃至日本、韩国的邮轮航线，发展海洋邮轮旅游，提升玉环国际海岛旅游目的地国际化水平。

四是坚持营销定位，塑造海岛旅游目的地形象。围绕中国国际海岛旅游目的地这一市场定位，着手策划市域旅游营销口号、标识等，用于对外表达县域旅游产业特色，树立旅游形象。整合市域旅游景区景点，串点成线，策划包装特色旅游线路，形成多元化旅游产品，并探索旅游景区联票经营，提高旅游营销综合效益。多措并举开展多维营销，充分借助主流媒体、网络平台、旅游同业、节庆会展等多渠道开展旅游推广，不断提高知名度，开拓客源市场，打响富有玉环特色的海岛海洋旅游品牌。

（六）小结

台州市海洋资源类型齐全，文化底蕴深厚，而且海产美食旅游资源突出。但是，其资源存在点多面广、重要海洋旅游资源离区域中心城区远的不利条件。而且，台州缺少特色海洋文化旅游产品与休闲旅游产品。滨海旅游新业态项目处于起步阶段，精品海洋旅游产品缺乏。但是作为浙江省新兴的滨海旅游城市，其发展潜力可观。

第六节　比较分析

舟山是浙江省滨海旅游城市的典型代表，它具有较高的海洋旅游资源禀赋。作为海岛型旅游目的地，在海内外享有较高知名度。以其作为省内滨海旅游城市的典型样本，对比省内其他滨海旅游城市在资源条件、产品开发、市场环境、产业规模、产城融合方面的异同点，有助于提升省内滨海旅游城市的海洋旅游业的竞争力。

一、资源条件

相对浙江省其他滨海旅游城市，舟山是海洋旅游资源组合最好的滨海城市，气候条件、海岸线、海域面积和岛屿、沙滩与高等级人文景观等海洋资源优势明显。这些优势也具体体现在，“舟山群岛气候条件宜人，整个群岛季风显著，冬暖夏凉，温和湿润，光照充足。因此，舟山市的气候舒适度对游客具有极大的吸引力”。① 另外，“舟山群岛是中国第一大群岛，共由 1390 个岛屿组成，占全国岛屿总数的 20%”，② 因此较省内其他滨海城市，在海岛旅游资源方面，更具优势；更重要的是，其拥有对游客最具吸引力的沙滩旅游资源。其所在“浙东旅游区沙滩数量庞大，且滩平坡缓，沙质均匀，且沙滩面积、规模都较大，在浙江省范围来说等级较高，但海水呈黄褐色，水质较差，与连云港、海南等地的沙滩海水质量相比，还有一定的差距”。③ 另外，其拥有众多高等级自然与人文滨海旅游资源（如普陀山），且互补性较强。这使舟山具备发展海洋休闲旅游无可取代的优势。

比较而言，宁波市在组合方面次之，拥有面积、规模都较大的海滨沙滩，且宁波市岛屿众多，全市岛屿 531 个，占浙江省岛屿总数的 1/6，岛屿总面积为 524.07 平方公里，居浙江省第三位。这些岛屿多均匀分布在近岸，周围环境优良、海洋渔业资源丰富；受海洋水体的调节，气候冬暖夏凉。

与舟山市比较，温州市海洋旅游资源虽然种类较为齐全，但在“丰度不足，特别是能作为海水浴场的资源相对稀缺，在长达超过 300 公里的海岸线上，只零星点缀着渔寮、炎亭等几个品位较高的海水浴场，其他绝大部分是以海水养殖业为主的沿海滩涂或新围垦的土地。更为严峻的是，温州市所拥有的海洋旅游资源与周边城市相比具有较高的同质性，在资源等级方面，温州与舟山、厦门存在较大的差距，而与宁波、台州等地相比亦不占绝对优势，彼此间形成替代性竞争格局”。④

与舟山市比较，台州市虽然拥有众多优越的港门和岛屿（691 个，约占全省岛屿总数的 40 %），但“没有高等级的海滨旅游资源，而且台州海滨海水污染严重，海水颜色浑浊，海滨沙滩虽然有些区域沙质较好，但规模太小等问题也比较突出，无法满足游客对海洋旅游“3S”（海洋、沙滩、阳光）的心理追求。另外，台州海

① 蔡璐，马丽卿．“一带一路”背景下的舟山群岛旅游发展研究［J］．特区经济，2017（1）．

② 周彬，王璐璐，虞虎，范玢．舟山群岛海洋旅游发展策略研究［J］．宁波大学学报（人文科学版），2015（4）．

③ 许靖．浙江省海岸带旅游资源 CSS 评价［D］．杭州：浙江师范大学：45–46.

④ 苏北春．温州海洋旅游区位特征与吸引力分析［J］．地理科学，2008（3）．

滨海岸曲折，使陆上交通严重不便，这给旅游路线组织带来一定的困难”。[①]

与舟山市比较，无论海岸线、海域面积和岛屿，嘉兴都处于弱势。嘉兴市旅游区处于长江和钱塘江两大河流入海沿岸流区，带来大量的泥沙在此沉淀，以海涂为主，且海水含沙量大，透明度小，近海岸水质较差，从而影响了沙滩的数量和总体质量。而且，海岛不仅数量少，且大多为无人小岛，给旅游开发带来难度。

二、区位条件

宁波市与嘉兴市是浙江省滨海旅游城市区位条件最优越的区域，尤其“宁波是我国长江经济发展轴与沿海经济发展轴的交汇处，是浙江海洋经济发展示范区的核心区，在浙江海洋旅游发展中具有重要的战略地位。同时，它也是浙江省两大高铁枢纽。嘉兴地处上海、杭州、苏州三大城市的中心，位于沪杭铁路线的中点和沪杭高速公路与乍嘉苏高速公路的交点上，距虹桥、浦东、萧山航空港较近，在标准的1小时都市圈经济区范围内，有着得天独厚的区位优势”。[②]相比而言，舟山市略逊于宁波市区位，但因其居于中国大陆海岸线中部，“背靠上海、杭州、宁波等大城市群，是长江三角洲的海上开放门户和通道，是长江、钱塘江以及甬江这三大江的交汇点，具有独特的地缘优势，并与亚太新兴港口城市呈扇形辐射之势”[③]。东海大桥及舟山跨海大桥的开通，更提升了舟山在长三角旅游圈的战略地位，为海洋旅游业大发展提供了空前机遇。舟山已融入宁波1小时生活圈和沪杭3小时经济圈，门户地位更加突出。与舟山、宁波、嘉兴的北部浙江滨海旅游城市比较，位于浙江中部沿海的台州，虽然已借国家铁路网规划的“八纵八横”沿海通道和“四纵四横”快速客运网之利，但因其处于舟山群岛旅游区的阴影区，属海滨旅游资源非优区。但台州市是联系浙北海滨和浙南海滨的枢纽，台州海滨旅游线的形成对浙东海滨带“大联合”可起到桥梁作用。相对于舟山，最尴尬的浙江滨海旅游城市是温州市。“温州市恰好处在舟山和厦门这两个具有国际品位旅游目的地的“阴影区”，因此其海洋旅游明显处于一种被“边缘化”了的劣势。”[④]但温州同时又是浙南闽北最大的中心城市，是赣东、浙西等内陆地区最便捷的出海门户，因此发展海洋旅游有着非

① 李跃军，姚丽芳．海滨旅游资源非优区开发研究［J］．上饶师范学院学报，2001（6）．

② 张英红．嘉兴市旅游客源市场开发与营销对策［J］．经济师，2005（10）．

③ 张斐．循环经济视角下舟山城市旅游竞争力研究［D］．杭州：浙江海洋学院，2014：16-17．

④ 苏北春．非优区位海洋旅游目的地建设与发展研究［J］．经济纵横，2013（7）．

常重要的战略地位，是这一地区最主要的海洋旅游中心地。

三、产品开发

比较而言，在浙江省滨海五市中，舟山海洋旅游产品的等级最高，集聚了高等级滨海旅游景区、旅游度假区、生态旅游区，近年来在特色小镇的创建工作方面，也表现较好。但是，相对其他浙江省滨海城市，其旅游产品开发力度不够，产业融合不够深入，除休闲渔业，工业旅游、运动休闲、中医药文化养生、康体养生融合都不很充分，尤其弱在康体养生，迄今未有突破。另外其夜经产品缺乏，导致游客的消费水平很难有大的提高。与舟山比较而言，虽然宁波高等级海洋旅游产品逊色于舟山，但近几年，宁波大力开发海洋旅游产品，在全省滨海旅游城市中处于领先的地位。比较而言，温州、嘉兴、台州的海洋旅游产品开发的深度与广度，远不及舟山与宁波。三市的海岛旅游开发滞后，产品尚未成体系。尤其台州缺乏精品海洋旅游产品，许多新型旅游产品尚在孵化阶段。

四、市场环境

从客源市场来源，宁波、舟山海洋旅游的国内与国际客源市场都居浙江省滨海五市前列，宁波海洋旅游的境外市场主要分布在主要客源地区和国家为中国港澳台、日本、韩国、美国、新加坡、英国、德国、法国、澳大利亚、印度、马来西亚、加拿大等。国内市场以长三角的江浙沪和福建为主，以广东、北京、山东、安徽和华东其他区域为辅的市场格局。相对宁波，舟山海洋旅游客源市场，主要以拜佛、观光游客为主，国际客源市场主要包括中国港澳台、日韩和东南亚；国内客源市场，本省游客占到近一半，其次是来自上海、江苏和福建等。相对而言，嘉兴与台州海洋旅游的客源市场更多来自于长三角地区，其中嘉兴市海洋旅游的客源市场更依赖上海、杭州、苏州等都市游客，相对而言，台州市海洋旅游的客源市场更依赖本省，其客源主要来自台州、杭州、宁波、温州。相对宁波、舟山、嘉兴、台州，温州位于浙江省海岸线的最南端，远离上海、杭州等主要的客源市场，而本地居民的出游能力、消费水平虽然较高，但能作为一级客源市场的区域非常狭小。由于温州市的地理区位因素导致可进入性差，所以温州市的海洋旅游客源主要集中在本地和省内周边地区，游客在温州市滨海或海岛地区的停留时间也主要是“一日游”，并以温州本地居民和周边地区游客的自然观光、短暂的海滨休闲为主。本地游客、周边地区（省内）游客一直是温州海洋旅游的主体。

五、产业规模

从海洋旅游接待产业总量上来看，宁波市的海洋旅游产业规模在浙江省滨海五市拥有绝对的数量优势，2017 年该市拥有 A 级景区达到 52 家，星级饭店数量 122 家，旅行社 402 家，星级购物点 5 家。而且值得注意的是，宁波市非星级饭店（企业）经营规模在不断扩大。温州、嘉兴、台州紧随宁波海洋旅游产业规模，分列第二、第三、第四位。温州市共有 A 级景区 47 家，星级酒店 142 家，旅行社 220 家；嘉兴市拥有 A 级景区 66 家，星级酒店 61 家，旅行社 176 家，星级购物点 1 家；台州市拥有 A 级景区 70 家，星级饭店 40 家，旅行社 157 家。

在海洋旅游接待产业的规模总量上，舟山市与上述省内滨海城市无法比拟，舟山市拥有 A 级景区 31 家，星级饭店 25 家，旅行社 173 家。但是，从单位面积上计算，舟山市海洋旅游接待产业方面，位居榜首，嘉兴市、宁波市紧随其后，而温州市与台州市则垫底。而且，舟山拥有众多的海岛民宿，达 618 家。

表 2–3 浙江滨海城市海洋旅游接待产业均化指标及排名

城市名	单位面积 A 级景区、星级酒店、旅行社总量（个 / 千平方公里）	排名
舟山	159	1
嘉兴	71	2
宁波	62	3
温州	35	4
台州	28	5

但是相对宁波、温州、台州，舟山投资渠道单一，政府与民营资本投入较其他浙江滨海城市薄弱。而且与宁波、温州相比，舟山旅游投资结构不均衡，投资偏向于旅游基础设施、旅游饭店与景区，对车船、人力资源培训、旅游演出与购物场所投入不足。这将严重影响舟山海洋旅游产业规模的扩大，并在下一轮浙江滨海旅游城市竞争中，使舟山落后于其他浙江滨海旅游城市。

六、产城融合

“随着旅游产业的不断发展，对城市经济的带动效应进一步增强。相应地，城市经济的增长也是旅游产业进步的基础。鉴于两者相互作用，只有不断保持两者的协调稳定发展，才能达到双赢。在产城融合方面，宁波市位居榜首。最新数据表明，宁波市旅游业与区域经济耦合协调发展，已处于优质协调阶段。两者之间形成了完全匹配的合作模式，旅游业稳步发展，经济总量持续上升。而，舟山稍逊于宁波，舟山市旅游业与区域经济耦合协调发展，处于良好协调阶段。两者的发展水平都很高，逐渐进入一个良性循环周期。”[①] 另外，舟山市的产城融合未来将加速。其原因，首先旅游业是舟山市的支柱产业，最新数据表明：旅游依存度达到 47%，旅游业对舟山经济的直接贡献度在浙江省处在领先位置。其次，舟山群岛也是国家旅游局确定的海洋旅游综合改革试验区和国家旅游综合改革试点城市。相对而言，台州、温州、嘉兴与台州主城区距离海域较远，且旅游资源分布重心与中心城市错位，因此，其中心城市“ 海洋旅游中心”功能不突出，进而影响其海洋旅游的产城融合。

① 杜媛媛 . 旅游产业与区域经济的融合协调度研究：以舟山市为例［D］. 青岛大学，2016：52-55.

附　录

第一节　国外海洋旅游发展成功经验和经典案例

一、地中海

地中海是全球最大的陆间海，被环抱在欧洲、亚洲和非洲大陆之间，历史悠久、文化灿烂，是古文明的发祥地之一。地中海气候冬季湿温多雨，夏季晴热干燥。沿岸岛屿众多，经济发达，环境优美，旅游资源丰富，是世界著名的旅游胜地。

（一）概况

目前，全球公认四大海岛旅游胜地分别为地中海沿岸岛屿、加勒比海沿岸岛屿、大洋洲岛屿、东南亚岛屿。地中海海岛旅游开发较早，开发理念先进，战略定位清晰，市场开拓经验较为丰富。①

地中海的北面是欧洲大陆、南面是非洲大陆，东面是亚洲大陆，它们把地中海包围起来，形成东西长约 4000 公里，南北宽约 1800 公里，面积约 251.2 万平方公里的一片海域，它是世界最大的陆间海。地中海沿岸海岸线曲折，众多岛屿分布其间，如：马略卡岛、西西里岛、克里特岛、塞浦路斯岛等。地中海沿岸是西方文明的发源地，现在也是世界经济发达的地区之一。其地貌以山地丘陵和半岛、岛屿为主，有利于发展旅游业。得天独厚的自然条件和底蕴深厚的文化条件使得地中海成

① 秦诗立．地中海海岛旅游发展经验与启示［J］．海洋开发与管理，2013，30（1）：22-25.

为世界著名的旅游胜地，也是全球海岛旅游发展的典范。

（二）特点

1. 海岛

散落在地中海附近的岛屿各具特色，风情万种。岛上有豪华的高档度假酒店，也有独特的休闲小镇。各式各样的岛屿组成了一道亮丽的风景线，带动了旅游业的发展。

（1）马耳他岛

马耳他岛被称为“地中海心脏”，海岸线长达 180 公里，风光旖旎，气候宜人。由于马耳他即使在冬季也拥有丰富的“3S”（阳光、沙滩、海水）资源，因此成为水上运动爱好者心中的圣地，也是潜水、滑水、游泳、航海、冲浪、水球和垂钓运动的理想场所。① 马耳他岛的历史悠久，马耳他人确信：“世界上任何一座城市都不能像马耳他那样古朴别致。”② 马耳他岛的旅游经验丰富，宣传力度广，知名度很大。

（2）巴利阿里群岛

巴利阿里群岛是位于地中海西部的群岛，是西班牙的一个自治区和省份。现在旅游业是群岛的主要经济支柱。巴利阿里群岛的总面积在 5000 平方公里左右，海岸线长 1239 公里。岛上的交通发达，飞机、汽车和轮船连通了游客的路线。巴利阿里群岛海湾和海滩相辅相成，形成许多迷人的度假中心，而分布在各岛屿内陆地区的景点也以其独特的魅力吸引了大量游客；温和的气候、美丽的海滩以及明媚的阳光使许多作家、画家和艺术家选择在这宁静祥和的环境中进行艺术创作。③

（3）克里特岛

希腊拥有许多岛屿，港湾交错，阳光明媚，旅游资源在全球首屈一指。克里特岛是古希腊的文化中心，是地中海文明的发祥地之一。这里气候宜人，植物丰茂，有“海上花园”之称。克里特岛东北角的米诺斯海滨度假区，面临浩瀚湛蓝的地中海，依山就势建造了 27 栋豪华别墅，生动地体现了人类的智慧和自然的完美结合。④ 别墅内的装修豪华精致，每栋别墅都配有泳池，外部是高档的绿化，视线再往外延伸就能看到金色的沙滩和蔚蓝的海洋。度假区内配套的各种游乐设施和体育设施一应俱全，还有各种风味的餐厅可以让人大快朵颐。

---

① 王跃伟，陈航．借鉴马耳他的成功经验发展我国海岛旅游业［J］．国土与自然资源研究，2005（3）．

② 佚名．马耳他——历史悠久的地中海乐园［J］．国际市场，2003（1）：32–33.

③ 江海旭，李悦铮，王恒．地中海海岛旅游开发经验及启示——以西班牙巴利阿里群岛为例［J］．世界地理研究，2012（4）：124–131.

④ 江海旭．地中海地区海岛旅游开发经验及启示［D］．大连：辽宁师范大学，2011.

2. 建筑特点

地中海地区建有色彩和风格各异的教堂，比如西班牙著名现代派建筑大师高迪设计的圣家教堂、位于摩洛哥的哈桑二世清真寺、具有浓郁巴洛克建筑风格的马略卡岛帕尔马大教堂等。无论是什么宗教，其教堂不仅有供圣徒礼拜等作用，还极具艺术特点和代表意义，能够反映出当地的建筑风格和文化内涵。

马耳他群岛上有很多历史悠久的神殿。坐落在马耳他岛屿上的哈格尔基姆神殿用巨石建成，是当时建筑技术的极品，也是最复杂的巨石遗迹之一。考古人员发现，这里很多石头的位置都是精心安排的，似乎有着令人难以理解的宗教意义。①

突尼斯城的阿拉伯建筑与现代建筑艺术相融合。这座都城的建筑颜色大多为乳白色，圣洁干净。在新城中心的街心共和国广场中央耸立着前总统布尔吉巴的骑马铜像，远处便是突尼斯湖和突尼斯湾。突尼斯市的布尔吉巴大街被誉为突尼斯的“香榭丽舍大道”。

巴塞罗那的建筑风格完美结合了古代文明和现代文明，代表厚重历史文化的宫殿教堂和代表当代先锋艺术的现代建筑和谐共存。行走在巴塞罗那，就好像是行走在历史长河中。

圣托里尼岛的建筑风格如同童话一般，房屋坐落在海滨，白蓝相间，与碧海蓝天呼应。米克诺斯岛以风车作为标识，窄巷、小白屋或红或绿或蓝的门窗、小白教堂、风车磨坊等组成了如梦的美景。

3. 历史文化

地中海地区拥有悠久的历史文化，其中克里特文明是欧洲文明的源头。克里特文明以岛屿北部的克诺索斯为中心，古希腊作为一个文明古国，曾经在科技、数学、医学、哲学、文学、戏剧、雕塑、绘画、建筑等方面世界领先，做出过巨大贡献。西班牙、希腊、摩洛哥等都拥有众多世界文化遗产，吸引着除了观光客之外的“访古客”。除此之外，还有很多极具特色的民间活动。在西班牙，民俗活动、弗朗明哥舞、斗牛等传统活动都闻名世界。无论是美食、建筑、艺术、葡萄酒还是其他，都能够让地中海地区成为集风土人情和美丽风光于一体的旅游胜地。

---

① 王超 . 地中海之心——马耳他［J］. 旅游时代，2015（1）：48–49.

（三）旅游运作和推广

1. 城市建设

旅游对地中海国家来说，不单是能赚钱的支柱产业，还是能够使人获得幸福与享受的社会建设活动。发展旅游不仅要追求产业投资与回报，更要注重公共设施或公益事业建设的社会需求。地中海地区的人非常重视旅游业这一产业，各界人士和企业政府都从多种渠道长期投资建设旅游业，完善旅游基础设施，将地中海打造成适合当地人居住也适合游客来访的生活天堂与旅游度假胜地。

（1）交通

要发展海岛旅游，必须保证交通的可达性和便捷性。在政府的支持下，地中海地区大力发展基础设施建设，增加了高速公路、机场、桥梁、港口、机场等设施，海上交通四通八达，极大地方便了旅游业的发展。地中海著名的岛屿，如希腊克里特岛、马耳他岛等，基本上都有大飞机起落的空港和固定航班，航空发达。没有航空设施的小岛，也有固定的游船或邮轮航班作为交通设施支撑。巴利阿里群岛各岛之间邮轮可达航程与到空港距离都在半小时之内，基克拉泽群岛各小岛均通有各类游船，包括大型豪华邮轮。[①] 这些游船和邮轮舒适稳定，平稳快速，方便游客娱乐、休息和观光。

（2）可持续

旅游开发会严重影响当地的生态环境，因此，可持续旅游是海岛旅游研究的热点。可持续的旅游政策不仅可以为游客提供高质量的旅游环境，还可以改善当地环境状态，保持生态良好循环，增强经济和社会的未来发展能力。生态旅游、伦理旅游、自然旅游、绿色观光游、责任旅游、和谐旅游、环保旅游等都是以实现旅游可持续发展为目标的旅游实现方式。

地中海沿岸海水清澈、环境优美，这与海岛旅游开发中对环保和可持续的重视息息相关。地中海地区在开发旅游资源的过程中注重环境保护和污染治理，在环保方面有全民意识。例如，马耳他在制订《马耳他诸岛旅游规划方案》的同时，还制订了一份详细的环境分析报告，明确对适于农业耕种的土地应留作农用、对生长重要植物和动物的区域实施保护，以及地下水的蓄水层位置以确保不破坏地下水的再生能力等。[②] 西班牙古城堡数量多、分布广。在西班牙，海滩属于政府的公共设施，西班牙执行欧盟制订的“蓝旗计划”，在环境意识、安全系数、服务水

① 江海旭．地中海地区海岛旅游开发经验及启示［D］．辽宁师范大学，2011.

② 秦诗立．地中海海岛旅游发展经验与启示［J］．海洋开发与管理，2013，30（1）：22-25.

平、海岸保护、海水质量等方面都有具体的标准，以保护海滩质量，保证游客的安全和健康。地中海沿岸的政府环保政策有效地加强了环境保护，使生态旅游得以实现。

2. 旅游产品体系

旅游业在地中海地区的国民经济中占据重要地位，为提高旅游业的竞争力，地中海地区的旅游产品体系不断地完善，开拓了多种旅游资源开发渠道来更好地进行宣传和经营。地中海沿岸的旅游度假区的基础设施齐全，可满足游客食、住、行、游、购、娱的需要。以休闲度假为主，还开展了若干专题旅游，如航海旅游、文化旅游，会奖旅游等，也平衡了淡旺季的差距。

（1）航海旅游

航海旅游是地中海地区海岛旅游的主打旅游方式。地中海拥有得天独厚的港口资源，这是发展航海旅游的基础。游客大多会选择游轮等航海方式，这是海岛旅游的主要旅游产品之一。乘坐游轮出海，观赏大海和海岸的美景，在游轮上享受不可多得的闲暇时光，是一大热门盛事。如果站在滨海的阳台上往外观望，就会看见海上如林的桅杆攒动，游轮如织，气派的景象非常惊人。

（2）文化旅游

地中海地区岛屿众多，各地的文化相近又各具特色。以巴利阿里群岛为例，那里的文化旅游资源丰富，有众多博物馆、展览中心、文化中心以及各式各样的建筑物。当地还有很多民俗文化活动，工艺品和美食也很有特色，让游客流连忘返。而西班牙是拥有世界文化遗产较多的国家之一，目前共 43 处历史古迹被联合国教科文组织列入世界遗产名录，这些都在吸引越来越多的国内外游客前来“访古”。

除了文物古迹之外，地中海地区的文化内涵还体现在现代生活的方方面面。例如，马耳他每年的 2 月下旬，有一个保留着传统色彩的狂欢节，融入了人们的生活，也吸引了各地的游客。节日到来之前，路上就已经有了色彩夸张、装饰华丽的彩车，商铺里到处可见五颜六色的服装、饰品。节日到来，街头小巷到处都是奇装异服的孩子们和巨大的卡通人物，让人目不暇接；青少年们在午夜戴面具，参加激情洋溢的假面舞会，处处都充斥着热闹欢乐的歌声。狂欢节不仅仅是当地风俗文化的传承和传播，也是一次减压放松的好机会，同时能够创造一个新的旅游机遇。

（3）会奖旅游

据统计，全球国际会议旅游在过去 10 年增长迅猛，营业总额达到 35 亿欧元，会议活动达到 3.5 万次，其中 60% 以上都是在欧洲国家举行的。会奖旅游的形式在带来收益的同时也能解决地中海地区旅游淡季游客稀少的问题。而地中海地区也极力促进会奖旅游的发展，以完善旅游的多样性，带动产业升级。例如，巴塞罗那在冬季举办世界“3G”产品博览会。希腊旅游部大力发展会议旅游，努力把希腊变成一个适合召开各类国际会议的国家。完善的现代化基础设施和符合国际标准的先进科技，为会奖旅游顺利开展打下了坚实的基础。

3. 国际化

地中海沿岸人口不多，开发旅游之初就做好了国际化定位，奠定了旅游基调。申根协议和多国免签、落地签使得在欧盟内部旅游十分方便，国际化旅游障碍不大。为了宣传，很多地区采用网络、国际旅游博览会、电视采访等宣传手段推广当地旅游资源。马耳他、意大利、希腊等大部分地方已建立中文旅游推介网站、设立旅游营销办事处，加强对中国旅游市场的开发。我国的很多旅游网站都大力推出欧洲游项目，其中地中海地区是一个热门选择。

4. 平衡淡旺季

地中海地区海岛旅游发展中，由于季节性气候变化以及人们的工作休假周期，也存在明显的旅游淡旺季。每年的 5~9 月是旅游旺季，游客比较多；但是到了淡季就会面临着游客稀少、设施闲置的问题。为更好地平衡旅游淡旺季，在旅游淡季，许多地区都大力发展其他特色项目，例如：高尔夫旅游、自行车旅游、文化旅游、会展旅游、狂欢节等，效果显著。以马耳他为例，当地除了致力于打造冬日度假胜地，举办狂欢节之外，还发展歌剧、音乐会、话剧表演，吸引对此感兴趣的观众和游客。此外，还大力推广当地冬日温暖宜人的气候和浪漫美好的风光，配合鲜美的食物，保证了淡季的客流量，促进淡季成为另一种程度上的旺季。

（四）总结

近年来我国海岛旅游发展迅速，舟山、海南、厦门等海岛的资源丰富，潜力极大。参考地中海的旅游业，要从规划做起，利用当地的文化资源和自然资源吸引游客，并且举办多种活动以平衡淡旺季的客流量，开发海岛民俗风情游、饮食文化游等特色旅游，丰富产品体系，吸引淡季游客，实行生态化开发和可持续发展，打造国际化的特色海岛。

二、加拉帕戈斯群岛

加拉帕戈斯群岛，又称科隆群岛，隶属厄瓜多尔，岛上有各种各样的奇花异草和飞鸟走兽，被誉为“独特的活的生物进化博物馆和陈列室”。1835 年，达尔文来到这片岛屿考察，从当地的生物活动中得到了感悟，为进化论的提出打下了基础。现在的加拉帕戈斯群岛是厄瓜多尔的一个国家公园，周围是海洋保护区，被列入了世界遗产名录。该岛以旅游业为主要收入来源，为保护岛上的生态，这里的游客数量被政府严格限制。

（一）概况

加拉帕戈斯群岛位于南美大陆以西 1000 公里的太平洋面上，群岛面积超过 7500 平方公里，由海底火山喷发的熔岩凝固而成的 13 个小岛和 19 个岩礁组成，离厄瓜多尔本土 1100 公里，跨赤道两侧。

加拉帕戈斯群岛包括了许多火山岛，据估计，第一个岛屿的形成发生在 500 万年以前，是由于构造活动造成的。目前仍有岛屿在形成过程中，如伊莎贝拉和费尔南迪纳这两个岛屿。加拉帕戈斯群岛原为无人荒岛，470 多年前多米尼加修道士在去秘鲁的途中发现了它，因为岛上浓雾弥漫，怪石嶙峋，所以将其命名为“魔鬼岛”。岛上有许多巨大的乌龟，因此又被称为“加拉帕戈斯群岛”（意为“巨龟之岛”）。17 世纪以来，伴随着探险队的逗留居住，岛上开始繁衍生息，逐渐有了移民定居者。在 19 世纪初，捕鲸和捕海豹活动频繁。1832 年，厄瓜多尔统治了这些岛。厄瓜多尔政府于 1935 年和 1959 年先后把群岛部分地区划为野生动植物保护地。保护地于 1968 年成为加拉帕戈斯国家公园，由厄瓜多尔在建在圣克鲁斯岛上的达尔文生物站的协助下进行管理，生物站的宗旨是促进科学研究和保护群岛上土生土长的动植物。1978 年，加拉帕戈斯群岛被评为世界自然遗产。

（二）特点

1. 特殊气候

加拉帕戈斯群岛的地理位置特殊，处于来自南部的秘鲁寒流和来自北部的赤道暖流交汇的地方。虽然位于赤道，但由于秘鲁寒流的影响，这里的气候并不十分炎热，而是凉爽干燥。岛屿被大海包围，形成了一个草木繁茂、生物多样的小型生态系统。岛上大部分地区干燥少雨，只有少数山麓地区由于高山的遮挡能够形成潮湿多雨的气候。群岛的特殊气候为多种生物在此繁衍提供了良好的发展条件，各种动植物都可以在这片神奇的土地上共存。

2. 火山地貌

加拉帕戈斯群岛呈东西走向，形成岛屿链。火山喷发形成的岛屿地质年代相比其他亿万年年纪的岛屿来说非常年轻，而且至今仍然在形成过程中。岛上最大的火山是伊莎贝拉岛上的沃尔夫火山，高达1707米，其次是阿苏尔山，是一座1689米的死火山。火山口形成了美丽的天然湖泊，在火山顶峰闪耀光辉，像是镶嵌在火山口的宝石一般。火山喷发出的岩浆在地表凝结，形成了崎岖的表面。岛屿上火山堆密布，创造出独特的地貌。伊莎贝拉岛和费尔南迪纳岛上的火山依旧活跃，最近的两次爆发是在1995年和1998年。1998年9月，伊莎贝拉岛的阿尔塞多火山（1097米）爆发，流淌的岩浆进入象龟的栖息处，厄瓜多尔政府遂出动直升机救援，成为当时的热门新闻。

3. 物种丰富

从极地出发的秘鲁寒流经过加拉帕戈斯群岛时，群岛被“浸”在冷气流中，因而温度明显降低，形成了既干燥又凉爽的气候，从南极海域伴随着寒流前来旅行的企鹅、海豹等“游客”，乐意在此安家。因此在这个岛上，除盛产世上最古老的大海龟、热带的大蜥蜴和多种类型的雀类外，还有南极的企鹅、海豹等动物。群岛诸多的海湾是海狮、海豹、海獭生活的天堂。岛上是鸟的乐园，有张着巨翅的信天翁、有体态肥大的鹈鹕、有全身洁白头顶火红的火烈鸟。除了珍禽异兽之外，还有很多奇花异草。据专家考查，在加拉帕戈斯群岛上，生活着700多种高等植物，其中35%以上为本地区特有物种。1978年，有着世人公认的“独特的活的生物进化博物馆和陈列室”之称的加拉帕戈斯群岛，被列为世界文化与自然遗产。

加拉帕戈斯群岛是地球上少有的没有被污染的净土，岛上没有凶猛的食肉动物，所有的动物都不惧怕人类。在这里，你可以享受到或许是你从未体验过的与野生动物“面面相觑”的快乐。①

（三）旅游业

旅游业是一把双刃剑，这一特点在加拉帕戈斯群岛体现得尤其明显。旅游收入为保护群岛上的野生动物提供了资金和动力，群岛丰富的动植物资源也持续吸引着游客前来。生态旅游为厄瓜多尔带来了巨大的经济效益，而且它是支持加拉帕戈斯国家公园的主要方式。然而，旅游业也带来了巨大的风险：在常住人口约3万的群岛上，每年的游客访问量已超过20万。游客给群岛带来了环境污染以及生态破坏。为了解决生态环境问题，当地政府用了很多策略，效果显著。

1. 旅游特色

加拉帕戈斯的旅游业不同于其他群岛，旅游重点不在于度假休闲，而是生态参

① 世界最大的自然博物馆——加拉帕戈斯群岛。

观。因此游客往往是生态旅游者、摄影师等对野生动物和自然地貌感兴趣的人。乘飞机到达加拉帕戈斯群岛后，国际生态旅游者可以在岛屿上观察动植物或者到旅游船上游览体验。

加拉帕戈斯群岛是野生动物的戏剧舞台，游客在岛上徒步时，必须时刻注意道路环境，否则一不小心就可能会被岛上的鬣蜥等动物绊倒。游艇的规格不等，可以搭载十几名乘客到100多名乘客不等。旅游者还可以穿上潜水服，配备浮潜装备，置身于海水中。在水下，野生动物更加壮观：加拉帕戈斯企鹅、海龟、优美的光线、黑鳍礁鲨、荧光橙色的海马、各种各样颜色鲜艳的热带鱼，甚至还有喜欢与水中的浮潜者嬉戏的顽皮小海狮。

这样的冒险旅行和传统的度假旅行有所区别，让人终生难忘。在群岛研究动物行为、生态、地质、演化等，对游客来说是独特的体验。

2. 旅游业带来的问题

旅游业的发展和人口的迁入对加拉帕戈斯群岛产生了非常大的影响。尽管价格高昂，但游客的流量从未中断过。在20世纪60年代，每年约有1000名游客，而在2001年约有8万人次。人们改造并移民各岛屿，在过去的几十年里，加拉帕戈斯的人口增加超过300%。

除了对自然资源施加的压力之外，这种大幅增长意味着大部分垃圾都被倾倒在露天场地中，没有经过任何处理或分离而被烧毁。此外，岛屿上缺乏淡水和排污水系统，难以维持增长人口的需要。旅游业和人口增长也加剧了交通问题，每年都有成千上万的鸟类因为岛屿上的交通车辆而死亡。莱克湾是群岛最重要的渔业港口和第二大游客进出入港，海龟与进出港的船只碰撞的事故日益增加，20%的已识别的海龟都有因与船舶碰撞而导致的外伤。

自然资源减少、环境污染、淡水匮乏、基础设施薄弱、人类影响野生动物活动……旅游业在为群岛带来收入增长的同时也带来了不少棘手的麻烦。

（四）生态问题

加拉帕戈斯的丰富物种吸引了海盗、海豹毛皮交易者、渔民、科学家和游客，这些社会和经济利益的驱动都已经影响到岛屿的植物群和动物群，对岛屿的生态环境造成了很大的影响，带来了严峻的生态问题。

1. 物种入侵

新物种的入侵对群岛脆弱的生态系统特别具有破坏性。迁移到加拉帕戈斯的居民曾带着自家的羊、狗、猪、驴等非本地动物一同来此。这些家养动物毁掉植物，杀死本地原有的动物。加拉帕戈斯群岛最具破坏力的入侵者是山羊，这些山羊在 19 世纪 50 年代被捕鲸者带到了岛上，替代肉的来源。无论是在干旱的低地还是潮湿的高地，山羊特别适合在加拉帕戈斯群岛生存。它们消耗了加拉帕戈斯巨龟和鬣蜥需要的宝贵食物。

查尔斯·达尔文研究站、加拉帕戈斯国家公园管理局以及岛上的其他组织，例如国际加拉帕戈斯旅游运营商协会（IGTOA）已将目光投向消除群岛上所有的野牛、驴、山羊和猪；消灭从岛上引进的啮齿动物，并为有人居住的岛屿上的猫和狗制订人道的绝育计划。

为了在控制向岛屿引入新物种方面继续努力，加拉帕戈斯检验检疫系统（或称“SICGAL”）于 2000 年正式成立。SICGAL 通过监测有人居住的岛屿入境港口和农业区来防止新物种和生物通过飞机和船只进入加拉帕戈斯群岛，还为检查员和技术人员提供培训，出版和传播允许和禁止的产品清单等。

虽然有关部门已经采取了行动遏制引进的新物种在此繁殖生活，但物种入侵问题仍然不容小觑。

2. 过度捕捞

捕鱼业的发展也是一大威胁。1994 年秋，厄瓜多尔政府批准在群岛周围的水域捕捞一定数量的海参。这在亚洲国家是美味佳肴，而且价格昂贵，捕捞海参可以赚大钱。“尽管政府限制 55 万条的捕量，但捕捞量已远远超过了政府规定的限量，政府只好又颁布禁止捕捞海参的法令。”[①] 尽管后来配额取代了禁令，但渔民和政府的冲突仍然不断。

加拉帕戈斯群岛周边是世界上鲸类最丰富的热点地区，也是东太平洋热带海域鲸鱼和海豚最多样性的地区，是太平洋最重要的鲸鱼栖息地。但自 20 世纪 80 年代以来，抹香鲸和须鲸的种群数量急剧减少，面临濒危灭绝的险境。1985 年，国际禁止捕杀鲸鱼以来，这些鲸鱼的数量有所上升，但全球气候变化，又给加拉帕戈斯群岛的鲸鱼带来新的威胁。过度捕捞也显著削弱了海洋生态系统从 1982~1983 年厄尔尼诺造成的破坏中恢复的能力，从而引发了异常的天气条件。

（五）对策

旅游行业是加拉帕戈斯群岛的经济命脉，这需要进行管制而不是禁止。

“如果不是为了旅游业，这些岛屿很早以前就会被摧毁。”在群岛上有着长期工

① 刘亚丽 . 我们需要改变——加拉帕戈斯群岛的启示［J］. 中国眼镜科技，2009（12）：78-79.

作经验的酒店经理费尔南多・德尔加多说。

几十年来，加拉帕戈斯被认为是管理旅游业以保护自然栖息地的世界最佳例子之一。限制游客人数、限制旅游开发类型和密切监测旅游影响是缓解生态环境问题的有力手段。

厄瓜多尔国家公园服务部门在40多年前与CDRS联合起来；两个机构一起将其服务用于加拉帕戈斯群岛的使用和保护。该站的活动包括为濒临灭绝的加拉帕戈斯群岛的巨型陆龟和土地鬣蜥进行长期的圈养繁殖计划。政府、科学家和旅游经营者已经仔细研究了游览计划，控制游客进入群岛的时间和数量，以避免对野生动物造成不必要的破坏。科学家通过研究入侵物种问题和保护加拉帕戈斯海洋保护区动物如鲨鱼、金枪鱼和石斑鱼来帮助他们。

在旅游方式上，加拉帕戈斯群岛提倡生态旅游。生态旅游又被称为“绿色旅行”“可持续旅游”或“自然旅游”。这种专业的旅行方式有许多好处，可以保护当地的环境和自然资源，并了解新文化。加拉帕戈斯群岛的游客必须随时由查尔斯・达尔文研究站（CDRS）培训并由加拉帕戈斯国家公园授权的导游陪同，这条规则保护了游客安全以及加拉帕戈斯群岛的生态。

加拉帕戈斯群岛是动植物的天堂，但人类的很多行为给它们的生活带来了破坏甚至毁灭。为此，在生态保护方面，人类还应该做出更大的努力。

（六）总结

加拉帕戈斯群岛自然环境优美、多种多样的动植物共存。许多游客为了观赏奇珍异草来到此地，经历非凡的冒险旅游。尽管加拉帕戈斯脆弱的环境面临着许多问题和困难，但也有成功的案例和解决方案。引入的根除计划虽然进展缓慢，但已经消除了几个小岛屿的野山羊，象龟等物种的重新引种和重新繁殖的努力取得了大幅成效。

岛上的环境教育帮助居民了解景观和保护需求，负责任的旅游制度和公园准则有助于保护加拉帕戈斯群岛的未来。

三、夏威夷群岛

夏威夷，这个位于太平洋中央的神秘又热情的岛屿，凭借其得天独厚的自然条件和特色鲜明的风土人情以及出色的旅游开发管理模式而成为世界著名的旅游度假胜地。夏威夷全年气候宜人，植被繁茂，旅游资源丰富且被适当地开发利用，年均游客量达700多万人次。对我国的海岛旅游发展来说，夏威夷的旅游开发经验具有极其重要的参考价值。

（一）概况

夏威夷是亚、美和大洋洲间海、空运输的枢纽，具有重要的战略地位。夏威夷州从西北到东南 3840 公里，土地面积 16705 平方公里，由火山爆发形成的 8 个大岛和 124 个小岛绵延 2450 公里形成新月形的岛链。

4 世纪左右波利尼西亚人发现了夏威夷群岛，开始在岛上定居，并将其命名为“夏威夷”，意为原始之家。1778 年，欧洲航海家库克首次发现夏威夷群岛。1795 年，夏威夷酋长卡美哈梅哈统一了整个夏威夷群岛，并自称为夏威夷国王卡美哈梅哈一世。19 世纪 90 年代，夏威夷王国是一个独立的君主立宪制国家。1893 年由当地美国居民所主导的政变，夏威夷王国被推翻，夏威夷进入了共和国时期。1898 年，夏威夷成为美国领土的一部分。1941 年 12 月 7 日，日本入侵美国夏威夷珍珠港。1959 年，夏威夷正式成为美国第 50 个州。现今夏威夷群岛上的居民以欧、美白人和日本人居多，其次是混血种人、菲律宾人和华人。

夏威夷首府位于瓦胡岛上的檀香山。从前，该地盛产檀香木，因而称为檀香山。火奴鲁鲁，是它的英文名称，在夏威夷语中是“避风港”的意思。檀香山地理位置十分重要，它是从美国西岸到澳大利亚和从巴拿马运河去远东的船舶航线和航空线必经之路，因而有“太平洋的十字路口”之称。檀香山附近的珍珠港是驰名世界的港湾。珍珠港事件之后，这里建立了纪念设施。目前，珍珠港仍然是美国太平洋舰队的主要基地和美国太平洋地区武装部队司令部的所在地。

夏威夷州全是火山岛。它是太平洋海底一座高大的火山锥露出海面的部分。太平洋底部发生大裂缝后，熔岩外流，形成高大的火山，火山上的火山口形成了山峰。露出海面的山峰即成为海岛。夏威夷州是美国的太平洋海空军基地，及美、亚、澳三洲航运中心。夏威夷是世界上旅游业最发达的地方之一，旅游业是夏威夷州的第二大产业。

（二）特点

1. 风景

一说到夏威夷，不少人眼前就浮现了碧海蓝天、火山峡谷。这里的景色旖旎万千，不仅仅有摇曳的椰子树，还有茂盛的热带雨林和壮阔的山色。夏威夷的独特风光是夏威夷旅游业持续蓬勃发展的硬实力。

（1）茂宜岛

茂宜岛，有“神奇之岛”的美称，以大量的鲸而闻名。在每年的 11 月到第二年的 4 月，茂宜岛会举办盛大的鲸鱼节。这些巨型动物从遥远的阿拉斯加不远万里来到温暖的夏威夷繁殖后代，在 1~4 月数量达到顶峰。在这个时间段内，前往茂宜岛出海观鲸成了一项极具特色的旅游活动，吸引了大量的游客。人们除了搭载观鲸船一饱眼福外，有时站在岸边就可以看到鲸鱼嬉戏。但景区规定，游客绝不可以近距离地接触鲸鱼，以免打扰或伤害到它们。[①] 数量可观的鲸鱼群让游客大饱眼福的同时也给夏威夷群岛的旅游业带来了勃勃生机。

（2）夏威夷火山国家公园

相传夏威夷岛是火山女神之家，她云游四海，当她回家之时，就是火山活动之时。此时人们以酒献祭，祈福消灾。冒纳罗亚火山和基拉韦厄火山是夏威夷火山国家公园最著名的两座活火山，火山喷发时，岩浆流动犹如火龙匍匐，蔚为壮观。除火山外，公园内还有各种热带动植物，不仅具备观赏价值，还有很高的经济价值。夏威夷火山国家公园每年接待约 200 万游客，有完备的导游项目，让人不虚此行。

（3）其他

茂纳凯亚山巅有一座天文台，吸引着全球各地的游客前往观星。繁星点点，伸手可及，绝美的景色令人神往。夏威夷群岛还有多处浮潜胜地，各色的海鱼在人们身边穿梭，展现人与自然融合的美妙。夏威夷的旅游资源得到了全面的开发，避免了旅游业单一滞后。

2. 风情

（1）草裙舞

草裙舞是夏威夷最具代表性的活动，声名远扬。它不仅仅表示了对远道而来的客人的欢迎，还能表达追忆历史、祈求神灵等心情。草裙舞的表演形式自由热情，展现了夏威夷火热的风土人情。月光如水之夜，凉风习习的椰林中，穿夏威夷衫的青年，抱着吉他，弹着优美的乐曲，用低沉的歌声，倾诉心中的恋情。跳舞的女郎，挂着蕾伊，穿着金色的草裙，配合音乐旋律和节奏，表现出优美的姿态。草裙舞是夏威夷向世界递出的一张名片，塑造出一个热情洋溢的独特品牌，吸引着各地的游客，并且让不少人故地重游。

（2）“Aloha”文化

Aloha 在夏威夷语中有很多意思，可以表达欢迎、问候、爱慕、同情、告别等，

① 胡钰．夏威夷：律动的草裙舞之乡［N］．华夏时报，2009

是最简单易学的夏威夷土语。在夏威夷，人们见面时不管认不认识，一定会互相道一句“Aloha”。这样的一句招呼语可以为来自世界各地的游客制造热情友好的氛围，也可以充分表达当地人热情好客的性情。游客来到夏威夷岛，学会的第一句话一定是“Aloha”。每年9月，夏威夷会举办Aloha节，有音乐、舞蹈、花车等一系列活动，这是当地的一大盛事，也吸引着游客慕名而来。

Aloha精神的内涵是关心和接纳周围的人，并尊重他们的人格。这样的一种精神内涵以及它的流行性使得夏威夷有了“阿罗哈州”的昵称。

3. 会奖旅游

会奖旅游是高端旅游市场的重要部分，比起普通的跟团游来说规模大、档次高。在会奖旅游方面，夏威夷经验丰富、基础建设完善。

为了促进会奖旅游的发展，1997年夏威夷政府斥资2亿美元建造了夏威夷会展中心，可以同时容纳1万人会议或5000人同时就餐。2011年，夏威夷承办亚太经合组织领导人会议，接待了20多个国家和地区的国家元首、政府首脑和代表以及约1万人的各国代表团。这样的承办大型国际会议的经验使夏威夷比起其他海岛来说更具备竞争力。

前往夏威夷的会奖团组，不仅可以欣赏美景，还可以享受重要战略位置带来的便捷度和知名度。而现代化的硬件设施给会议提供了巨大的后备支持，如数量众多的酒店客房、专业化的后勤服务、强有力的安全保障等。

（三）运作和推广

夏威夷作为世界著名的度假旅游胜地，不仅表现在“太平洋之心”的优越区位、优美的海洋旅游资源和独特的人文资源的优势，而且其在度假旅游目的地发展上有自己独特的模式与经验。夏威夷的旅游资源开发、管理都做得很成功，在旅游项目的宣传推广方面也经验丰富。

1. 城市建设

夏威夷的城市建设水平较高，城市中有专属的旅游商业区。檀香山市规划了与居民生活区分开的威基海滩和商业区，其中布局着旅游街区、购物超市、游艇码头、休闲公园等。城市有着各种各样的植物园和社区公园，休闲设施与景点融为一体，营造出轻松自然的氛围。

夏威夷的路网发达，完备的交通运输体系为旅游业提供保障。除了基础的交通设施之外，还有游艇游船、潜水艇、观光巴士、滑翔伞等特色鲜明的交通观光工具，为城市观光、出海观鲸、观赏活火山等旅游项目奠定了坚实的基础，也使这些活动成了特色旅游项目。

夏威夷处在东西方文化交结处，南北半球文明在这里联结。夏威夷岛多种族群、多种文化的居民在此地创造出丰富多彩的文化艺术、多姿多彩的庆典。夏威夷的文化古迹也保留得相对完整，当地有很多以夏威夷国王和王后的名字命名的建筑物和道路，表达了夏威夷的传统文化，强化了夏威夷的鲜明个性。在波利尼西亚文化中心，有夏威夷、萨摩亚、斐济、汤加、塔西堤、马克萨斯、毛利 7 个村落，代表波利尼西亚 7 种不同文化，各村落建筑均保持几百年前的传统风貌，从不同侧面反映了民族文化特色。

旅游业是夏威夷的支柱产业，政府部门十分重视旅游业的发展，每年拨出巨额资金进行旅游建设和宣传，既打响了名号，也可以按照消费者的需求来改善服务。

在大力发展的同时，夏威夷注重可持续性，大力发展清洁产业，强调环境保护。夏威夷 200 海里范围内禁止商业捕鱼，港口没有大型运输船，沙滩严禁私人占有。夏威夷保护环境的同时也是为了创造更好的旅游收益，“不仅能满足当代游客和东道主地区的需求，同时能保护和改善未来旅游业的发展机会”。

2. 公共服务体系

（1）旅游信息服务

夏威夷为来自世界各地的游客提供了各种语言的旅游手册和细化的专项手册，信息量大，分类细致，为游客提供便利，创造宾至如归的氛围。不仅仅是在当地有周到的服务，在夏威夷的旅游信息网上，关于夏威夷的旅游信息也是应有尽有。在这个信息时代，从网络获取旅游信息是大多数游客都会采取的手段，夏威夷也抓住了这样的机会。

（2）人性化服务

就人性化服务来说，度假区、露营地、社区公园处处都有免费饮水处和洗手间，海滩周边恰到好处地配备冲洗设备、救生人员、换衣间等，即使很偏僻的乡村也通水电气，道路、厕所等设施十分完备，方便了自驾游客的环岛旅游。[①] 在夏威夷，道路的标示清晰明了，停车场齐全，非常便利。针对不同职业爱好、出行人数的游客，夏威夷有着不同的旅游计划，更加人性化。夏威夷的奢华旅游市场发展完善，为消费能力高的群体配备了顶尖的产品和服务。

① 王旭科. 夏威夷旅游发展的经验与启示［N］. 中国旅游报，2014.

（3）服务氛围

夏威夷的服务行业从业者热情友善，服务态度真诚乐观。不论是酒店从业者还是商铺经营者，甚至是素不相识的路人，见面一句“Aloha”都能给人轻松的感觉。见面或送别时，他们还会相互赠送“蕾伊”花环。

3. 对华营销

随着我国经济的飞速发展以及美国对华旅游政策的放开，赴美旅游的人越来越多，夏威夷是其中一个热门地点，夏威夷旅游局一直都关注着中国游客的旅游动态。以往来到夏威夷的中国游客，大多是在游玩美国各地的同时来到夏威夷停留一两晚，对美国的景点逐个“扫盲”。这样的行程安排并不能使游客充分了解当地文化，也不能领略到别样的风采。因此，夏威夷致力于创造夏威夷一地游，许多线路产品不仅包括瓦胡岛，也有茂宜岛、大岛和可爱岛等邻岛，让游客能够尽情体验夏威夷群岛各个岛屿不同的风情与特色。①

现在前往夏威夷旅游非常方便快捷，有多种飞往夏威夷的航线可供选择，无论是跟团游还是自由行，都可以找到适合自己的旅游方式。檀香山国际机场到达出口设置有中文服务柜台，当地还有全天的中文服务热线，在夏威夷的各个星级酒店都和中国的旅行社达成了合作关系，酒店内还有适合中国人使用的茶包等设施。许多商店、酒店、餐馆都有讲中文的服务人员，使中国游客出行购物都很便捷。夏威夷经验丰富的会奖旅游业也能够吸引中国的企业团组，在寒冷的冬日把目光聚焦到温暖的夏威夷。除了一线城市之外，夏威夷还在致力于开拓中国的二线城市旅游市场，进一步挖掘对华营销的潜力。

（四）危机应对经验

“9・11”和股市暴跌以后，夏威夷的旅游业受到重创。美国人在恐怖事件发生之后不太愿意乘飞机出门远游，很少提前预订旅游。2001 年 9 月，到夏威夷的游客比上一年同时期减少了 34%。面临着这样的危机，夏威夷旅游业相关方面仍然抱有信心，努力经营。后来，夏威夷的旅游业缓慢回升，来自美国本土和其他各国的游客都有所增加，航班也逐渐恢复。

（五）总结

夏威夷具备风景优美、风情独特的先天优势，并且充分开发利用旅游资源，不断地开拓新的领域，力求旅游业这一支柱产业蓬勃发展。其发展的经验对中国开发

① 张斌 . 夏威夷开拓中国二线城市［N］. 中国旅游报，2013.

海岛旅游来说有着非常重要的参考价值。夏威夷的城市建设服务于旅游发展，利用独具特色的旅游景点和人文风情，宣传地域风格浓重的旅游形象，并且建立了完善的以人为本的旅游服务体系。在大力发展旅游的同时，夏威夷重视环境保护，支持可持续的旅游事业。夏威夷非功利性的环境保护使得夏威夷成了美国空气质量最好的州，优美的环境也是旅游吸引力的一部分，为夏威夷的旅游事业发展增添了精彩的风景。

四、普吉岛

（一）概况

普吉岛，泰国南部岛屿，位于泰国南部马来半岛西海岸外的安达曼海。呈南北走向，形成长方形的地带。大部分土地是山林及平原，面积 570 平方公里，东西最宽约 18 公里，南北长约 45 公里。首府普吉镇地处岛的东南部，是一个大港口和商业中心。普吉岛是泰国最大的海岛，也是泰国最小的一个府。普吉岛以其迷人的热带风光和丰富的旅游资源被称为“安达曼海上的一颗明珠”，而且自然资源十分丰富，有“珍宝岛”“金银岛”的美称。普吉岛的陆地和沿海海底蕴藏着极为丰富的锡矿，橡胶园、椰园及各种热带果树遍布全岛，还盛产各种海鲜食物。该岛以出产最优质的珊瑚而著称，被誉为“ 海上明珠”。

2014 年，岛上人口超过 60 万。普吉岛属热带雨林气候，全年气候暖和湿润，夏季从 11 月末开始至翌年 3 月，其余时间均属雨季，平均最高气温为 35.5℃，最低气温为 21℃。

岛上工商业、旅游业都较发达。普吉岛具有丰富的旅游资源，是东南亚具有代表性的旅游度假胜地。岛的西海岸正对安达曼海，那里遍布海滩和海湾，有以清净著称的卡马拉海滩，有极具私密性的苏林海滩，每个沙滩都有各自的优点和魅力，白色的海滩，奇形异状的石灰礁岩；有经常举行海上运动的珊瑚岛；还有夜生活较丰富的芭东海滩等。岛上还有很多丛林遍布的山丘。

（二）旅游资源

宽阔美丽的海滩、洁白无瑕的沙粒、碧绿翡翠的海水，作为印度洋安达曼海上的一颗“明珠”，普吉岛无可挑剔。这里欢迎着每一位游客，你来自哪里并不重要，重要的是你来到了普吉岛这个世界村，良好的包容性使普吉岛成为东南亚最具代表性的海岛旅游度假胜地。泰国政府早在 20 世纪 70 年代就将这个岛划为旅游风景区，大力发展海岛旅游业。

1. 皮皮岛

皮皮岛位于泰国南部的安达曼海，是由大、小两个岛屿组成的姐妹岛。皮皮岛是全球最美的十个岛屿之一，其海水清度和浮潜能见度闻名于世。大皮皮岛旅游开发完备，大多娱乐项目和各类型的酒店、度假村都集中在此；小皮皮岛是一座无人居住的岛屿，海岛水质极佳，海洋生物种类繁多，是个极好的潜水地点。地貌奇特的玛雅湾和鬼斧神工的维京洞穴美不胜收。皮皮岛是个深受阳光眷宠的地方，柔软洁白的沙滩，宁静碧绿的海水，未受污染的自然风貌，使得它从几十个离岛中脱颖而出，成为游客首选的度假胜地之一。

皮皮岛上水上活动很多，游泳、潜水、滑水、独木舟、风浪板、香蕉船……丰富多彩的水上、水下运动项目会让你手舞足蹈、无暇休息。有的游客喜欢一天深潜；有的游客喜欢浮潜；有的游客喜欢出海一整天；有的游客带有老人和小孩，担心晕船，就喜欢在岛上的沙滩上散散步。

游客通常住在大皮皮岛上，两座岛由一条“走廊”连接起来。这条走廊就是皮皮岛最热闹的地方，很多旅店、餐厅、酒吧、潜水学校、旅行代理和小摊贩，密集地分布在小巷左右。走廊两边是两个非常漂亮的海湾，一个叫罗达拉木湾，另一个叫通赛湾，在这两个海湾之间往返只要步行10分钟，相当悠闲写意。这儿最大的诱惑之一就是温暖湿润的气候——年平均气温28℃，温差很小。

2. 珊瑚岛

珊瑚岛因丰富的珊瑚群生态而得名，在小岛的周围环绕着各种色彩缤纷的珊瑚礁。这里是各种水上运动的最佳选择地点。这是一个日渐流行和热闹的地方，随处可见很多潜水爱好者和水上降落伞爱好者，还有更多来这里享受阳光浴的人们。

这里特别适宜潜水，更有许多诸如海中漫步（戴着头盔到海底喂鱼）和滑翔伞等特殊旅游项目。

3. 攀牙湾

攀牙湾位于普吉岛东北角75公里处，属于攀牙府，被誉为全岛风景最美丽的地方，有泰国的“小桂林”之称。这里遍布着数以百计的石灰岩小岛，小岛的名称与其形状极为吻合。还有巧夺天工的钟乳石岩穴和数不清的怪石、海洞。其中007岛（也称铁钉岛）、钟乳岛石洞（即佛庙洞和隐士洞）更以其天然奇景而著称。海湾内遍布珍贵的胎生植物红树林，红树林与小渔村之间有河道，可坐在小船上观赏红树林和小渔村。

4. 通赛瀑布

通赛瀑布属于椤帕吊国家公园。椤帕吊国家公园位于普吉岛北部，距离他朗镇20公里。距普吉镇以北22公里，从芭东佛寺向东数公里即到。这里保存有普吉岛最后一片完整的原始热带雨林。可以在原始热带雨林里露营体验户外生活。当地最独特的植物是一种名叫“Palm Lang Khao”的棕榈树，它的特点是叶子的背面是白色的，据说这种奇特的棕榈树为此地独有。

瀑布附近风景宜人，环境优美，还有大量野生动物。此外，这里还有Bang Pae瀑布和普吉岛长臂猿饲养中心，长臂猿饲养中心靠捐赠获得资金，由志愿者管理，为被捕获的长臂猿提供庇护，并将其重新放归大自然。游客可以出资1800泰铢认养一只长臂猿一年。

5. 幻多奇乐园

幻多奇乐园是普吉岛最受欢迎的旅游点。每晚幻多奇剧场都会表演精彩的节目，如歌舞、魔术、杂技以及大象表演，有英语和泰语讲解。这里以一座古老村落的形式出现，向游客展示泰国传统文化神秘的一面，尤其是最后十几头大象一起走到舞台上，气势十分壮观。

（三）分析与思考

普吉岛成为世界闻名的旅游度假胜地，除了得天独厚的风景之外，还有以下重要因素：

1. 地理位置优越、环境优美、气候宜人

普吉岛位于泰国南方的西边靠着安达曼海，距离泰国首都曼谷大概900公里，乘坐不到2小时的飞机或者乘坐大概12小时的大巴就可以到达。普吉岛是印度洋安达曼海的岛屿之一，普吉岛有船线可以通缅甸、马来西亚的槟城，因此每年会有大量的国内外旅游者来普吉岛旅游。并且普吉府是一个岛屿城市，有着美丽的风景，如银白的沙滩、清得能看到海底的海水，此外普吉岛位于北半球靠近赤道，因此全年的气温没有很大的差别，对旅游的影响不大。以上的几个原因使普吉岛吸引了世界各地的游客。①

2. 注重环境保护

优美的自然环境吸引着众多游客这是普吉岛成功的主要法宝，因此当地政府把环境保护作为头等大事来抓。普吉岛一直以“5S”而自豪：阳光（Sun）、海洋

① 符慧兰．普吉岛重庆游客市场开发的研究［D］．重庆：重庆师范大学，2013.

（Sea）、沙滩（Sands）服务（Service）、治安（Security）——其中自然环境就占了3 个。[①] 当地政府规定，任何有可能污染环境的工厂都不准在岛上设立。而对早就存在的锡矿和橡胶园等工业，政府则力争做到将污染减少到最低限度。岛上宾馆和饭店周末必须派人义务清理垃圾。还投资 3 0 亿铢（1 元人民币合 5.8 铢）兴建了现代化的垃圾处理厂。随着旅游业的发展，不少新的宾馆、酒店出现在岛屿上。为了更好地保护自然景观，当地政府规定，任何新建建筑物的高度都不得超过 12 米。

3. 多元文化，丰富多样的旅游资源，满足多样性需求

普吉岛之所以成为“魅力之城”，名誉国内和国外的旅游胜地，就是因为普吉岛具有得天独厚的风景、多元文化、丰富多样的旅游资源。在这个 570 平方公里的岛屿上，可以住海景高档酒店，也可以在特色民宿小憩；可以吃到地道的泰式饭菜，也可以随时选择中餐、日餐、韩餐、西餐等不同的味道；可以去寺庙沉淀心灵，也可以在酒吧买醉忘忧；可以冲浪、潜水或泛舟海上，也可以走在骑楼老街感受多元文化的融合。[②]

多元文化、多样选择，是普吉吸引国际游客的重要原因。普吉岛每年接待的 1300 多万人次游客中，国外游客有 900 多万人次，他们有着不同的需求，而普吉岛多种业态的旅游产品能满足游客的多样性需求。

普吉岛主要以滨海旅游吸引旅游者到普吉岛旅游，但是普吉岛的自然风光资源、艺术文化遗产资源、宗教圣地和休闲娱乐资源同样齐全，形成了普吉岛旅游胜地的景点丰富，所以旅游资源具有多样性，如：自然风光资源（芭东海滩、卡马拉海滩、朋帖海岬、大国王岛等）；艺术文化遗产资源（佳土矿井博物馆、普吉府两英雄纪念碑、普吉府文化艺术馆等）；宗教圣地资源（查龙寺、大佛寺、观音庙等）；休闲娱乐资源（普吉幻多奇、普吉赛门歌舞团等）。[③] 游客可以在普吉岛的海滩上游玩或者运动，或在市中心的商店购物，或在餐厅品味美味的本地特产、新鲜的海鲜，同时还可以在普吉幻多奇或者 Simon Show 欣赏泰国特有的表演——人妖表演。普吉岛上有当下游客热衷的各种类型的运动项目，如：帆船赛、高尔夫球赛、足球赛、铁人三项及各种极限运动等。普吉岛被誉为国家级甚至世界级的水上运动赛事中心，来普吉岛旅游的旅游者能在全年无限的休闲娱乐就是因为普吉岛有着多样的旅游活动项目，可以让游客尽享海洋世界的乐趣。很多游客还慕名来这里

① 李腾 . 普吉岛何以成为“度假天堂”［N］. 光明日报，2001.

② 况昌勋等 . 两座海岛的“国际范”和弦 . 2015

③ 符慧兰 . 普吉岛重庆游客市场开发的研究［D］. 重庆：重庆师范大学，2013.

欣赏各种珊瑚礁和海洋生物。当地政府在依靠海洋资源的同时，还不断开发新的旅游项目。普吉岛上多山，“普吉”在马来语中就是山丘的意思。游客可以到这里的国家公园体验热带原始森林妙趣，还可在蓬贴海角观赏美丽的落日景色。另外，水族馆、珍珠养殖场和民俗村等地也吸引着大批游客前往。最值得一提的是投资33亿铢兴建的普吉幻多奇（Phuket Fantasea），作为亚洲最大的主题公园，它以宏大的规模和先进的高科技效果令游人叹为观止。[①] 除了这些优点以外，普吉岛还有许多重要的节日，包括一些文化、民俗的节日值得游客参与，如普吉素食节、普吉华人式中元节、春节、奠祭神仙节、海鲜美食节等活动。普吉岛的旅游活动非常多，类型也很丰富，无论是社会文化方面、宗教方面，甚至体育方面都有，让游客能够享受无限的娱乐。

随着普吉岛滨海旅游的发展，旅游者的数量也不断地增加，旅游业在发展的过程中，新问题也逐渐出现，如环境问题、市内交通建设问题、安全问题、贫民窟和低收入者群体问题等，这一切有待于解决。

第二节 浙江省海洋旅游发展有关政策文件

浙江省海洋旅游发展相关政策文件，既包括省与地市级的海洋旅游发展规划，也包括近期颁布的省、地市级的“十三五”规划中对于海洋旅游发展的指导性建议部分。

一、省级层面相关规划

浙江省最早于2005年，在省政府颁布实施《浙江海洋经济强省建设规划纲要》中明确提出要把港口海运业、临港工业、海洋渔业、海洋旅游业和海洋新兴产业列为重点发展的五大海洋产业。2008年编制的《浙江省海洋旅游发展规划纲要》中，明确提出了浙江省海洋旅游发展的指导思想，即充分发挥近程市场需求旺盛、省域经济充满活力、陆上旅游基础强大、海洋资源丰富多彩等方面的区域比较优势，通

① 符慧兰. 普吉岛重庆游客市场开发的研究［D］. 重庆：重庆师范大学，2013.

过实施创新领跑、海陆联动和开放合作三大战略，整合产业要素、调整产业布局、优化产业结构、拓展市场空间，同步推进产业规模的持续扩张和产业效益不断提升，力争使我省海洋旅游产业在较短时期内形成新格局、实现新跨越，成为旅游经济强省和海洋经济强省建设的重要支柱。

最近编制的省“十三五”旅游规划，在空间布局方面，建议把“海上浙江”和“山上浙江”培育成为未来几年全省旅游业转型发展和创新发展的两翼。“东扩”要依托浙江海洋经济发展示范区、舟山群岛新区等国家战略，以陆海交通和岛际交通改善为前提，重点建设一批高品质的特色海洋海岛旅游区，培育一批高端旅游产品和新型旅游产品，带动浙江省海洋旅游业的整体发展。宁波都市旅游经济圈需充分发挥宁波港口城市的综合优势和舟山群岛新区的政策优势，着力谋求海洋旅游和都市休闲旅游的新突破，打造浙江旅游的海上门户。

在海洋旅游产品与品牌建设方面，规划建议加快发展海洋旅游。坚持高端引领、休闲主导、创造新品、培育精品，重点发展邮轮、游艇、人造海滩、特色度假岛四大高端产品，结合美丽黄金海岸带修复整治工程，开发慢生活休闲体验、滨海运动休闲、养生疗养、海上低空游览、海洋主题公园等新型产品，积极建设独具浙江特色的海洋旅游产品体系。着力构建海洋旅游线路品牌，加快建设以滨海风景大道为依托的海岸风情线、以邮轮游艇为依托的近海巡游线和以低空直升机为依托的海空观光线。以宁波北仑、象山、舟山朱家尖、温州洞头、嘉兴九龙山为重点，加快推进邮轮母港、泊港和邮轮旅游服务中心建设，加快推出连接浙江省与中国香港、中国台湾乃至日本、韩国的邮轮（游船）航线。探索谋划大东海国家旅游试验区，加快把舟山群岛建设成为旅游收入超千亿元的国际知名佛教旅游胜地与海洋休闲旅游目的地，把普陀金三角、嵊泗—秀山、梅山—春晓、象山港—石浦、三门湾—石塘、雁荡山—乐清湾、洞头—南麂、台州湾—大陈岛、杭州湾等打造成为旅游收入超百亿元的特色滨海旅游区。统筹开发全省海岛旅游资源，着力培育打造一批“一岛一风格，一岛一特色”的旅游休闲示范岛。

在海洋旅游与其他旅游结合方面，规划建议因地制宜促进红色旅游与生态旅游、海洋旅游、乡村旅游等的有机结合，丰富红色旅游产品业态，增强红色旅游的综合功能。

在市场营销方面，规划建议巩固提升国内市场份额。以沪苏市场为重点，强化海洋旅游的推广。

二、宁波市相关旅游规划

宁波市在2011年编制的《宁波市海洋旅游发展规划》提出的指导思想包括以建设现代化海洋旅游目的地城市为根本任务，以惠民富民、满足群众海洋旅游需求为出发点和落脚点，以改革创新和科技进步为动力，以各类型高品质海洋旅游区建设布局、联网和配套开发为重点，以建设各类型海洋旅游聚集区和培育海洋旅游骨干企业为主要途径，以“智慧海洋旅游”发展、海洋旅游公共服务体系建设为支撑，以促进海洋旅游发展的长效机制为保障，发展面向世界和面向未来的、具有地方特色、充满活力的海洋旅游产业体系，通过5~10年的努力，把海洋旅游发展成为宁波海洋经济的支柱产业。规划明确提出了把宁波市建设成为长三角海洋旅游创新发展的引领区、我国海洋旅游生态文明的先行区、亚太地区新兴的海洋旅游目的地城市的三大定位。发展目标方面，规划提出了领跑全省海洋旅游、基本建立港湾型产业格局、初步形成海洋旅游产业体系、基本建立公共接待服务体系的四大发展目标。

在宁波市“十三五”旅游规划中，明确将海洋旅游产业投资作为千亿元投资工程一部分，引导各类资本加快发展海洋旅游。在空间布局方面，规划建议以象山海洋旅游目的地为核心，以杭州湾、象山港、三门湾为依托，重点推进杭州湾片区、镇海北仑片区、梅山春晓片区、象山港片区、松兰山—大目湾片区。同时规划建议侧重石浦—大塘港片区、宁海三门湾片区七大海洋旅游板块建设。建设一批特色海洋旅游区，培育一批休闲旅游岛和特色渔村，形成富有浙东特色的宁波滨海休闲旅游带。大力推进邮轮、游艇、主题度假岛和海岛探险等高端旅游产品开发。加快推进海洋旅游交通网络和安全体系建设，研究布局公路交通、海上交通和空中交通的立体交通体系，提高海滨景观道路的建设水平，开辟港湾海岛游览航线，有序发展直升机旅游与应急救援基地、低空飞机起降点。到2020年，基本形成滨海旅游城镇、滨海旅游度假区、滨海渔业休闲基地、特色渔村鱼市、旅游港湾、休闲旅游海岛一体化的全市海洋旅游产品体系，促进东部沿海岛屿与舟山海洋海岛旅游协同发展。

三、温州市相关旅游规划

在空间布局方面，温州市“十三五”旅游规划建议：(1)形成“山、江、海、岛”为特色的海洋海岛旅游产业带。以浙江省大力发展海洋经济为契机，加快海涂围垦工程和沿海高速、滨海大道等快速通道建设，在温州市绵延 671.71 公里的岛屿岸线上，形成以“山、江、海”为特色的系列旅游产业带。把该带打造为：国际级山海岛一体旅游休闲目的地、中国海洋时尚旅游休闲高地、中国游艇装备制造业与旅游产业集聚带、浙江滨海自驾车旅游休闲黄金岸线。该条旅游产业带作为一个区域主要由温州滨海旅游休闲带、瓯江旅游休闲廊道、旅游休闲生态岛链及浙南海洋旅游产业核、西门岛海洋旅游产业核、洞头岛海洋旅游产业核“一带一廊一链三核”组成。“十三五”期间，把雁荡山—乐清湾、洞头—南麂—苍南打造成为旅游收入超百亿元的特色滨海旅游区。(2) 打造海岸线上的两个端点节点，与洞头—瓯江口节点形成海洋旅游带三大核心节点。北端将雁荡山—乐清湾打造成全国著名的山海特色旅游基地，并联合台州市的温岭与玉环，共同打造成为浙江省双十板块之一。南端整合苍南县与平阳县滨海与海岛旅游资源，实施一体化发展战略，构建平—苍滨海旅游核。深度发展 55 公里长的苍南黄金海岸滨海旅游带、17.55 公里长的平阳古盘山滨海绿道等海岸线旅游产业，大力构建炎亭—渔寮自驾车旅游产业带及平阳滨海自驾车旅游与美食旅游休闲产业带，实施县域旅游合作战略，打通沿海自驾车旅游黄金岸线大通道，合理定位旅游功能，实施差异化发展，增强平—苍滨海旅游综合竞争力，形成一体化滨海旅游休闲目的地，构建温州海洋旅游带南端旅游核。该海洋旅游核近期按照浙江省级旅游度假区培育，中远期培育为极具海洋海岛特色的国家级旅游度假区。平阳县海岛旅游以南麂列岛保护利用为重点，加强海洋生物多样性保护，适度开发海洋科教、海洋旅游、海岛度假等高品位业态，构建东部蓝色生态屏障。

在产业方面，规划建议大力发展滨海海岛自驾车旅游产业，构建滨海自驾车旅游营地、房车营地、露宿营地等。沿滨海及洞头岸线打造自驾车旅游黄金游线，构建滨海、海岛自驾车旅游产业带。打造苍南黄金海岸、平阳、乐清、瑞安等行政区内的特色自驾车黄金海岸线及洞头岛、西门岛等环岛自驾车游线，构建自驾车营地（旅游驿站）、房车营地、露营地及特色乡村客栈、果蔬采摘休闲地、乡村农副产品购销平台等自驾车旅游产业体系。

在产品方面，规划建议大力发展海洋旅游产品。具体而言，规划建议发挥南麂、洞头及连绵海岸景观带的“二岛一带”独特滨海资源优势，大力发展高端和大众兼备的“蓝色”海洋旅游休闲业。高起点谋划南麂国际高端海岛游品牌，试行游客人数限额配送新机制，发展海洋科普考察旅游、滨海高端休闲旅游。重点打造洞头、乐清湾、龙湾海涂、瑞安铜盘岛、平阳南麂列岛、西湾、苍南炎亭、渔寮等海岛观光、滨海度假、渔村客栈、岛屿露营、滩涂休闲、水上运动、海鲜美食等大众化、多样性的海洋旅游目的地。打造洞头状元岙邮轮泊港，发展一批游艇基地、滨海度假基地和休闲海钓基地。坚持“高端引领、休闲主导、创造新品、培育精品”，重点发展邮轮、游艇、人造海滩、特色度假岛四大高端产品和慢生活休闲体验、滨海运动休闲、养生疗养、海上低空旅游、海洋主题公园等十大新型产品，积极建设独具特色的温州海洋旅游产品体系。加快把温州建设成为全省乃至全国海洋旅游综合改革示范区、海洋旅游高新产品先行区和海洋旅游著名品牌集聚区。加快构建邮轮（游船）航线，加快发展海洋邮轮旅游。加快鹿西岛、竹峙岛、铜盘岛、顶草屿等主题旅游岛开发。推动游艇装备制造业生产基地建设。

四、嘉兴市相关旅游规划

2015 年编制的《嘉兴市滨海旅游业发展规划》对于海洋旅游业的总体定位是以滨海旅游资源为依托，以建设嘉兴滨海港产城统筹发展试验区为契机，以滨海新区旅游开发为重点，以接轨上海加快发展为指导，全面整合平湖、海盐、海宁三县（市）的滨海旅游资源，建成定位准确、产品多元、业态新颖、特色鲜明的杭州湾嘉兴滨海旅游休闲度假带，长三角著名、国内一流、国际有影响力的滨海休闲度假旅游目的地，成为推动嘉兴旅游业发展的新引擎。在设计理念上突出以滨海绿道景观走廊为轴线，融合“山、海、湖、潮、城、村、桥、岛”八大资源景观元素，打造杭州湾嘉兴滨海旅游的“滨海度假、湖海休闲、观潮游乐”的三大特色。在发展战略上，提出了构建立体化的空间发展格局、开发特色化的旅游产品体系、营造全域化的旅游发展环境、形成多元化的旅游交通网络、融入现代化的上海都市旅圈五大战略。

嘉兴市“十三五”旅游规划，空间布局上，明确将平湖滨海运动休闲区、海盐湖山休闲旅游作为“十三五”期间五大旅游发展极。其中:（1）平湖滨海运动休闲发展极总体定位在集山、海、岛屿、沙滩、古镇等于一体的滨海旅游度假区，长三角一流、国内知名的滨海运动休闲旅游胜地。其发展思路是进一步挖掘九龙山旅游度假区的养生文化、佛禅文化、书画文化、海洋文化，按照“国际化、精品化、特色化”定位，开发养生会所、游艇度假、马术运动、低空飞行、森林越野等旅游项目，增强旅游产品的参与性、趣味性和市场适应度，塑造集旅游观光、会务服务、体育运动、休闲度假、商务活动、佛教文化等于一体的滨海休闲旅游度假品牌，努力打造成为国家级旅游度假区。在规划期间将建设的主要项目是九龙山航空运动小镇、南河头历史文化街区、海洋城休闲综合体、平湖国际进口商品城一期、浙江平湖爱晚中心、九龙山佳源海神湾、九龙山亲水湾等。（2）海盐湖山休闲旅游发展极总体定位为形成以主题游乐、山水休闲为核心，集滨海观光、乡村体验、科技探索、康体养生、商务会议等于一体的区域旅游产业体系，打造知名的国际滨海休闲度假胜地。其发展思路是充分利用南北湖黄沙坞和海盐滨海新城的围垦土地资源，挖掘海塘文化、湿地文化等文化内涵，开发建设大型旅游项目，提升现有旅游景区品质。将南北湖区块打造成为集观光、休闲、度假、文化、养生、购物、教育等多种功能于一体的长三角地区重要的旅游度假区和休闲旅游集群。在滨海新城及南北湖区块充分挖掘盐养生旅游的内涵，打造新型养生旅游产品，进一步提升海盐城区绮园文商旅综合体为核心的都市文化旅游产品，推动浙江山水六旗国际度假区等项目建设，打造滨海都市休闲旅游品牌。依托丰富的乡村旅游资源，围绕江南水乡、滨海休闲两大特色，突出“南北湖·五味村”和“八鲜采摘游”两大品牌，进一步开发果品采摘、农事体验、文化展示、乡村度假等乡村旅游产品。在规划期，主要建设项目拟为浙江山水六旗国际度假区、黄沙坞围垦区文化旅游综合体、南北湖凤凰山旅游综合开发、中国核电红色旅游景区、南北湖石帆水镇、澉浦古镇开发项目、浙江海盐钱江潮源国家湿地公园等。

五、舟山市相关旅游规划

舟山市“十三五”规划在指导思想，坚持以十八届五中全会、省委十三届八次全会和市委六届八次全会精神为指导，以“创新、协调、绿色、开放、共享”发展理念为引领，按照“全域旅游”的新要求，实施海岛休闲度假和佛教文化体验两轮驱动，推进旅游业转型升级，切实增强人民群众的获得感和满意度；加快建成旅游经济强市，努力把旅游业培育成为舟山国民经济的主导产业，更好地服务舟山群岛新区经济社会发展和“四岛一城一中心”建设。

“十三五”规划提出了通过五年努力，舟山旅游发展走在全国前列，实力更强，结构更优，品质更好，贡献更大，经济总量实现翻番，旅游业成为总收入超千亿元的大产业；全力打造“国际著名的海岛休闲旅游目的地和世界一流的佛教文化旅游胜地”的发展目标。在主要任务方面，“十三五”规划提出了加快舟山旅游跨越式发展，必须把推进全域旅游发展作为首要任务，着力优化空间布局、搭建发展平台、促进产业融合、创新旅游产品，谋求区域联动、实现共建共享，成为浙江旅游业发展的新亮点。

“十三五”规划在发展布局方面，提出在“一核（即普陀山、朱家尖为龙头的普陀国际旅游岛群核心区）一轴（即一条沿跨海大桥、定海古城、舟山新城、沈家门渔港、东港商圈多个节点的海岛城市休闲旅游轴线）两圈（即嵊泗列岛度假圈和岱山生态休闲圈）多岛（即桃花、白沙、登步、东极、秀山、泗礁、嵊山、枸杞、花鸟、东岠、摘箬山等主题旅游岛屿）连线（即海上、跨岛、陆上游线）特色游线”布局的基础上，加强各类资源整合，形成节约集群、特色鲜明、优势互补、协调有序的发展布局，不断提高全市旅游业空间运行的整体效率。

《舟山国际旅游岛战略性总体规划》的发展目标，则进一步提出了建立和完善国际旅游岛标准化体系，包括旅游基础环境标准、旅游产业国际化发展标准、旅游生态环境保护与建设标准等，按照国际标准，打造精品，高起点规划、高标准建设、高水平管理，全面推进舟山旅游产品体系建设，显著提升旅游管理、营销、服务和产品开发的市场化、国际化水平，打造一批具有国际竞争力的旅游设施、旅游产品、旅游企业和服务品牌等，使舟山群岛的旅游设施、经营管理和服务水平、国际知名度、安全度、美誉度显著提高，旅游产业的特色、质量和效益全面提升，打造我国旅游业改革创新的试验区、中国开放型世界经济的新高地和世界一流的群岛型海岛休闲度假旅游目的地，建成“舟山国际旅游岛”的总体目标。

六、台州市相关旅游规划

台州市最早于2012年编制了《台州市海洋旅游发展规划》，提出了:（1）在长三角区域层面上，台州海洋旅游的整体优势主要体现在文化和休闲方面，而不是自然方面。因此，要立足于充分发挥台州海洋旅游的文化与休闲优势，把台州建设成为长三角地区著名的海洋文化与休闲旅游目的地;（2）在省域空间层面上，台州要充分利用位于浙江沿海海洋旅游经济带南北沟通枢纽区的有利条件，通过高端海洋旅游产品优先起步、特色海洋旅游产品重点突破等举措，抢占海洋旅游市场份额。力争通过5年左右时间的努力，使台州成为全省具有较强竞争力的海洋旅游发展新引擎;（3）在台州市层面上，海洋旅游业发展目标是要进一步扩大产业规模、提升产业效益，进一步提高海洋旅游业对全市海洋经济增长的贡献率，使海洋旅游业成为台州海洋经济的支柱产业。另外，规划还提出了文化提升、多元优化、精品品牌、产业融合、区域联动五大发展战略。

在空间布局方面，台州市“十三五”旅游规划建议布局东纵——东部蓝色滨海旅游带。该带以台州市中心城市为支点，以东部沿海高速为连接，包括温岭、玉环、临海东部、三门海滨形成的旅游发展带，组成台州东部地质考察、海洋文化、民营经济、商旅文化的“山海经”旅游区。规划以海岸线和海岛链为轴线，综合利用海洋渔业设施、沿海滩涂地、海岛海湾、沿海城镇、海洋文化等资源，加快海域、海岛、海岸带旅游立体开发，推进产业融合和滨海旅游产业集群发展，打造台州海洋经济综合示范区和海上丝路港城。重点开发台州湾组团、三门湾组团、乐清湾组团，建设一批以海洋旅游为主题的海岛、休闲度假区、滨海城市和特色产业基地，形成“一带三岛五区”（即甬台温通道以东滨海带，大陈岛、一江山岛、大鹿岛，三门蛇蟠岛旅游区、临海桃渚旅游区、台州滨海城市旅游区、温岭东南滨海旅游区、玉环“中国休闲渔都”旅游区）的台州滨海旅游新格局。同时，在沿海北部片区，积极拓展滨港休闲旅游和现代生态渔业旅游，使旅游业成为三门湾支柱产业之一；在沿海中部片区，加快头门岛、白沙湾、桃渚、大陈等地旅游建设，促进临海东部区块、台州滨海旅游与产业发展互动；在沿海南部发展片区，大力发展温岭、玉环现代服务业和滨海休闲度假旅游业，积极创建玉环国家海洋公园（大鹿岛），进一步提升玉环“海上都市”层次，加快石塘石屋民宿群等地海洋文化旅游体验质量。

在产品方面，“十三五”规划建议大力发展海洋海岛旅游产品。具体而言，规划建议充分发挥台州市独特的海洋、海岛资源优势，大力发展滨海旅游业，努力将海洋旅游打造成全市旅游主打产品之一。确立大陈岛在台州市海洋旅游中的龙头地位，按照全岛旅游化理念建设国际休闲旅游岛、国家海洋公园，打响大陈岛旅游特色品牌。加快蛇蟠岛、五子岛、扩塘山岛、东矶列岛、石塘半岛、大鹿岛、鸡山岛等海洋海岛旅游开发，形成“一岛一品（主题或特色）”“一岛一风景”的格局，打造成特色鲜明的滨海旅游目的地；着力打造海岛观光、水上运动、海鲜美食、海钓、邮轮、游艇等大众化、多样性的海洋旅游精品。加快水上、海陆之间交通建设步伐，开辟海上旅游专线；加快大陈岛、石塘半岛、蛇蟠岛省级旅游度假区创建；开发东官河、洪家场浦、青龙浦、临海大田港线（灵湖）、飞龙湖等内河旅游资源，发展沿河旅游；积极开展国家海洋旅游示范县、示范岛、示范景区创建；深化拓展台州大麦屿港对台直航，大力培育国际邮轮母港。

第三节 2017年浙江省沿海各市的县（市、区）旅游发展主要指标

附表 浙江省滨海县（市、区）海洋旅游统计数据

市	县（市/区）	入境旅游人数（万人次）	外汇旅游收入（万美元）	国内旅游人数（万人次）	国内旅游收入（亿元）	旅游总收入（亿元）	旅游总人次（万人次）
宁波	慈溪市	8.64	3602.79	1322.69	117.29	119.72	1331.33
	镇海区	6.10	2937.13	972.93	66.73	68.71	979.03
	北仑区	25.74	16379.33	1006.77	59.07	70.13	1032.51
	鄞州区	26.38	8023.27	1714.12	199.99	205.41	1740.5
	奉化区	34.67	17826.75	2043.87	160.04	172.07	2078.54
	象山县	17.84	4465.13	2182.18	237.09	240	2200.02
	宁海县	9.0	3678.58	1472.3	141.52	144.1	1481.3
温州	乐清市	17.24	3320.18	1512.01	156.04	158.28	1529.25
	洞头区	2.1	974.04	468.01	41.78	42.44	470.11
	龙湾区	1.74	823.35	334.96	32.36	32.45	335.9
	平阳县	5.81	1549.22	1231.57	100.14	101.19	1237.38
	苍南县	8.66	3403.83	1078.21	100.35	102	1086.87
	瑞安市	18.02	4997.6	939.18	111.04	114.4	957.2
嘉兴	海盐县	3.19	1480	854	76.67	77.67	857.19
	海宁市	14.05	4271.52	1912.45	221.66	224.8	1926.5
	平湖市	1.43	2369.73	905.46	92.5	94.1	906.88
台州	椒江区	1.51	828.84	1332.11	143.47	144.03	1333.62
	路桥区	0.82	387.06	559.72	60.45	60.71	560.54
	临海市	0.82	274.30	2003.76	216.41	216.59	2004.58
	玉环县	1.13	412.35	889.81	96.10	96.38	890.94
	三门县	0.18	412.06	411.81	44.48	44.52	411.99

续表

市	县（市/区）	入境旅游人数（万人次）	外汇旅游收入（万美元）	国内旅游人数（万人次）	国内旅游收入（亿元）	旅游总收入（亿元）	旅游总人次（万人次）
舟山	定海区	8.81	5013.5	1148.53	161.37	164.8	1157.34
	普陀区	8.17	4449.17	1429.47	198.99	201.81	1437.64
	岱山县	4.79	331.76	547.96	77.26	78.77	552.75
	嵊泗县	0.06	1.04	567.24	78.96	80	567.3
	普陀山	9.32	4508.98	1616.54	121.99	125.03	1625.86
合计		236.22	96721.51	30457.66	3113.75	3180.11	30693.07

参考文献

［1］秦诗立．地中海海岛旅游发展经验与启示［J］．海洋开发与管理，2013，30（1）：22–25.

［2］王跃伟，陈航．借鉴马耳他的成功经验发展我国海岛旅游业［J］．国土与自然资源研究，2005（3）.

［3］佚名．马耳他——历史悠久的地中海乐园［J］．国际市场，2003（1）：32–33.

［4］江海旭，李悦铮，王恒．地中海海岛旅游开发经验及启示——以西班牙巴利阿里群岛为例［J］．世界地理研究，2012（4）：124–131.

［5］江海旭．地中海地区海岛旅游开发经验及启示［D］．大连：辽宁师范大学，2011.

［6］王超．地中海之心——马耳他［J］．旅游时代，2015（1）：48–49.

［7］世界最大的自然博物馆——加拉帕戈斯群岛

［8］刘亚丽．我们需要改变——加拉帕戈斯群岛的启示［J］．中国眼镜科技，2009（12）：78–79.

［9］胡钰．夏威夷：律动的草裙舞之乡［N］．华夏时报，2009.

［10］王旭科．夏威夷旅游发展的经验与启示［N］．中国旅游报，2014.

［11］张斌．夏威夷开拓中国二线城市［N］．中国旅游报，2013.

［12］符慧兰．普吉岛重庆游客市场开发的研究［D］．重庆师范大学，2013.

［13］李腾．普吉岛何以成为“度假天堂”［N］．光明日报，2001.

［14］况昌勋，等．两座海岛的“国际范”和弦．2015

责任编辑：郭海燕
责任印制：冯冬青
封面设计：鲁　筱

图书在版编目（CIP）数据

2017年度浙江省海洋旅游发展报告 / 浙江旅游科学研究院，浙江海洋旅游研究院编. -- 北京：中国旅游出版社，2018.12

ISBN 978-7-5032-6288-3

Ⅰ. ①2… Ⅱ. ①浙… ②浙… Ⅲ. ①海洋－旅游业发展－研究报告－浙江－2017 Ⅳ. ①F592.755

中国版本图书馆CIP数据核字（2019）第133806号

书　　名：2017年度浙江省海洋旅游发展报告

作　　者：浙江旅游科学研究院，浙江海洋旅游研究院编
出版发行：中国旅游出版社
（北京建国门内大街甲9号　邮编：100005）
http://www.cttp.net.cn　E-mail:cttp@mct.gov.cn
营销中心电话：010-85166536
排　　版：北京旅教文化传播有限公司
经　　销：全国各地新华书店
印　　刷：北京盛华达印刷科技有限公司
版　　次：2018年12月第1版　2018年12月第1次印刷
开　　本：787毫米×1092毫米　1/16
印　　张：10.75
字　　数：200千
定　　价：58.00元
ISBN　978-7-5032-6288-3